DIÁLOGO
inter-religioso

Cônego José Bizon
Rabino Michel Schlesinger
(Organizadores)

Afonso Moreira Júnior
(Idealizador)

DIÁLOGO
inter-religioso

Religiões a caminho da paz

Dados Internacionais de Catalogação na Publicação (CIP)
(Câmara Brasileira do Livro, SP, Brasil)

Diálogo inter-religioso : religiões a caminho da paz / Cônego José Bizon, Rabino Michel Schlesinger (organizadores) ; Afonso Moreira Júnior (idealizador). -- São Paulo : Paulinas, 2018.

ISBN 978-85-356-4467-8

1. Cristianismo e outras religiões 2. Diálogo inter-religioso 3. Igreja Católica - Relações - Judaísmo 4. Judaismo - Relações - Igreja Católica 5. Relações inter-religiosas I. Bizon, Cônego José. II. Schlesinger, Rabino Michel. III. Moreira Júnior, Afonso.

18-20253   CDD-261.2

Índice para catálogo sistemático:
1. Diálogo Católico-Judaico : Teologia das religiões   261.2

Iolanda Rodrigues Biode - Bibliotecária - CRB-8/10014

1ª edição – 2018
1ª reimpressão – 2020

Direção-geral: *Flávia Reginatto*
Editora responsável: *Vera Ivanise Bombonatto*
Copidesque: *Mônica Elaine G. S. da Costa*
Coordenação de revisão: *Marina Mendonça*
Revisão: *Ir. Palmira Miranda, ICM*
Sandra Sinzato
Gerente de produção: *Felício Calegaro Neto*
Capa e projeto gráfico: *Tiago Filu*

Nenhuma parte desta obra poderá ser reproduzida ou transmitida por qualquer forma e/ou quaisquer meios (eletrônico ou mecânico, incluindo fotocópia e gravação) ou arquivada em qualquer sistema ou banco de dados sem permissão escrita da Editora. Direitos reservados.

Paulinas
Rua Dona Inácia Uchoa, 62
04110-020 – São Paulo – SP (Brasil)
Tel.: (11) 2125-3500
http://www.paulinas.com.br – editora@paulinas.com.br
Telemarketing e SAC: 0800-7010081
© Pia Sociedade Filhas de São Paulo – São Paulo, 2018

Sumário

Prefácio

O Disco de Newton

Heródoto Barbeiro 7

Introdução

A arte do diálogo

Rabino Michel Schlesinger 11

1º Capítulo

O diálogo inter-religioso

Dom Raymundo Cardeal Damasceno Assis 15

2º Capítulo

Coragem de dialogar

Rabino Michel Schlesinger 23

3º Capítulo

A importância do diálogo inter-religioso no Islã

Sheikh Jihad Hassan Hammadeh 31

4º Capítulo

Para que todos sejam um, assim como nós (Jo 17,11)

Dom Romanós Daowd 41

5º Capítulo

Encontro inter-religioso – Através das experiências da Monja Coen Roshi, da Ordem Soto Zen Shu

Monja Coen Roshi 53

6º Capítulo

Religiões brasileiras afrodiaspóricas e diálogo inter-religioso

Ronilda Iyakemi Ribeiro 63

7º Capítulo

Hinei Matov Umanaim Shevet Achim Gam Yachat

"Como é bom e agradável quando irmãos sentam juntos em harmonia"

Raul Meyer 81

8º Capítulo

Religiões em busca da paz

Cônego José Bizon 85

Conclusão 99

Prefácio

O Disco de Newton

O avião tentava pousar no meio das montanhas. Naquele momento parecia que uma das asas ia tocar o solo e tudo virar uma porção de destroços. Finalmente, para alívio geral, as rodas encontraram o solo de Paro, a capital do pequeno reino do Butão, no meio da Ásia. País de tradição budista, com belíssimos mosteiros antigos, com mais da metade do território preservado, e um povo pacífico cujo esporte nacional é o torneio de arco e flecha. O pequeno Butão é o patrocinador de uma proposta na ONU para que a medição conhecida como PIB – Produto Interno Bruto seja trocada por outra. Ele propõe o FIB – Felicidade Interna Bruta, ou seja, que o bem-estar, a tranquilidade, o entendimento, a aproximação entre pessoas de religiões e culturas diferentes também sejam avaliados. À princípio me pareceu uma maluquice, mas depois, conversando com membros do governo local, soube que a proposta conta com o apoio de mais de uma centena de países e com um estudo teórico sobre a metodologia para averiguação de desempenho desenvolvida na Universidade de Columbia.

Prefácio

O convite do governo do Butão era para uma reunião na ONU e o tema, a viabilidade do FIB. A plateia comportava uma verdadeira multidão em um dos salões inferiores do prédio em Nova York. Presentes o primeiro ministro do Butão, envergando o tradicional quimono, e uma plêiade de gente comprometida com a maior distribuição da riqueza no mundo e a defesa do meio ambiente. Eu imaginava uma plateia de *doutos scholars* com suas gravatas, laptops e cabelos bem penteados. Ledo engano. No mar de assistentes, uma profusão de pessoas vestidas com os seus trajes nacionais. E, para minha surpresa, muitos religiosos. Sentei-me ao lado de um rabino de meia idade, de Nova York, que me fez uma série de perguntas sobre o Brasil. Tentei contar quantos outros religiosos lá estavam: islâmicos, católicos, evangélicos, hinduístas, budistas, zoroastristas, africanos de várias origens... Perdi a conta. Pelo menos um terço da audiência era formada por líderes religiosos; muitos não consegui identificar a que religião pertenciam.

Os discursos dos líderes políticos começaram e cada um dava a sua versão do que entendiam ser a felicidade e como deveria ser medida e avaliada em todos os países. Depois de pelo menos duas horas, o mediador anunciou que cada religião representada no plenário teria três minutos para falar. Houve uma inversão de discurso. Todos falaram a mesma língua, ressaltaram o respeito pela diversidade, o princípio da não violência, da tolerância, da ajuda mútua, da compaixão e do amor. Só depois de ouvir a todos é que compreendi a importância da presença dos líderes religiosos no evento. Os discursos inter-religiosos deixavam claro que, ao invés de afastar pessoas, comunidades, povos e nações, eles aproximavam. Lembrou-me a Roda de Newton, que é formada por várias cores, mas, quando girada, é possível ver uma única cor.

Esta experiência vivida por mim mostrou-me quanta importância tem o diálogo inter-religioso e as imensas contribuições que podem dar à humanidade, mesmo em um campo aparentemente áspero e materialista como a economia. A reprodução desses encontros em nível mundial ou local precisa ser incentivada e cabe às lideranças religiosas a provocarem. Certamente caminharemos com mais tranquilidade em busca da paz.

O presente livro é mais um passo inspirador graças à coordenação do Cônego José Bizon e do Rabino Michel Schlesinger, e à idealização de Afonso Moreira Júnior.

Heródoto Barbeiro
Jornalista, educado na tradição budista
da escola Soto Zen.

Introdução

A arte do diálogo

Uma pessoa estava perdida na floresta sem comida, sem bebida, sem água, tampouco esperança. Finalmente enxerga, ao longe, outra pessoa. Ao se aproximar diz: "Que bom que te achei! Estou perdido e preciso que você me indique a saída". A outra, então, responde: "Também estou perdido, não sei onde a saída está, mas sei que juntos teremos mais chance de encontrá-la".

Percebo que os principais desafios humanos são universais. Teremos alguma chance de fazer frente à violência, à corrupção, à fome, às agressões ao meio ambiente, aos abismos sociais, à falta de acesso à boa educação e à ausência de reflexão ética na sociedade, apenas, se formos capazes de colaborar. Porque, afinal de contas, esses obstáculos não são judaicos, cristãos, muçulmanos, budistas ou de matriz africana – eles são humanos.

A ferramenta que possibilita essa reunião de forças é o diálogo. Entendo o diálogo como um meio, e não um fim em si. Embora muito aprazível, não dialogamos pelo prazer de dialogar, mas com o objetivo de operar mudanças profundas na sociedade. Por meio do diálogo,

Introdução

superamos as barreiras que nos impediriam de interagir de maneira eficaz ante os desafios da nossa era.

O exercício do diálogo, no entanto, não é trivial. Um dos maiores desafios para o ser humano se encontra justamente no diálogo. Isso porque dialogar significa ir ao encontro do outro, que é diferente de mim. Dialogar presume o reconhecimento e, principalmente, a valorização da diferença.

Por outro lado, dialogar também exige o encontro consigo próprio. Ao encontrarmos o diferente, temos os nossos próprios conceitos abalados. Aquilo que acreditávamos como verdadeiro pode estar em perigo, pois entramos em contato com nossa própria rigidez, medos, angústias e inseguranças. Dialogando, descobrimos quem somos e também aquilo que nunca seremos. O diálogo nos retira de nossa zona de conforto e nos arremessa no confronto de ideias e valores.

Acredito que existem pré-requisitos para o diálogo. O primeiro deles é alguma segurança em si próprio. Somente possui coragem de encontrar a alteridade aquele que tem certa tranquilidade em torno de suas próprias convicções. Apenas quando estamos seguros daquilo que somos, conseguimos confrontar o outro sem que nossos mundos sejam totalmente desconstruídos.

O segundo pré-requisito para o diálogo é a assunção de que a vida admite infinitas interpretações. Uma importante dose de pluralismo é condição para o exercício do encontro de ideias. Se cremos haver apenas uma verdade, não admitimos o confronto com aquilo que será, de antemão, ao ser diferente, uma "mentira". No entanto, ao pressupor que o mundo é composto de nuances e tonalidades, estamos equipados com a faculdade de escutar aquilo que destoa um pouco ou radicalmente daquilo que cremos.

Rabino Michel Schlesinger

1º Capítulo

O diálogo inter-religioso

Dom Raymundo Cardeal Damasceno Assis[*]

"O diálogo inter-religioso é uma condição necessária para a paz no mundo e, por conseguinte, é um dever para os cristãos", diz o papa Francisco na *Evangelii Gaudium*.

1. De fato, à medida que cresce a comunicação global entre os homens no mundo contemporâneo, se dá, simultaneamente, o encontro das diversas formas de religiões. Isto não é motivo de desespero nem de preocupação, mas sim uma oportunidade de criar uma relação mútua que favoreça o diálogo, o respeito e a cooperação entre as diversas religiões presentes no mundo, além de abrir novos caminhos que colaborem no tão sonhado crescimento da paz. Para o papa João Paulo II, o despertar da necessidade do diálogo inter-religioso foi favorecido pelas rápidas mudanças no mundo e pelo aprofundamento do mistério da Igreja, como sacramento universal de salvação

---

[*] Representante do Celam no Conselho Latino-americano e Caribenho de Líderes Religiosos pela Paz.

(cf. *Dives in Misericordia*, 2; 21). Além disso, com a unificação do mundo se mostrou a interdependência entre todos os setores da convivência e da promoção humana. As exigências da paz e o pluralismo religioso tornaram o diálogo e o contato mais necessários. Também constatamos que a experiência missionária tornou possível o surgimento de novas aproximações, ao mesmo tempo em que sensibilizaram para a necessidade de se relacionar, de uma maneira nova, com os seguidores de outras religiões, para assim tornar possível que a Igreja se faça presente e compreendida por elas.[1]

2. Apesar dos avanços alcançados ao longo do tempo, notamos que a questão do diálogo inter-religioso é, ainda hoje, um desafio para o pensamento teológico e para distintas instâncias da Igreja Católica. Não podemos nos esquecer de que o diálogo é uma dimensão integral da vida humana e também da missão da Igreja. Ele, por sua natureza, faz um apelo à abertura e ao encontro interpessoal. O filósofo Buber nos explica que é na relação com o tu que o sujeito constrói e aperfeiçoa a sua identidade. Trata-se de uma experiência humana fundamental e "passagem obrigatória" no caminho da autorrealização do indivíduo e da comunidade humana.[2] É por isso que acreditamos que, nos dias de hoje, o diálogo inter-religioso assume um papel fundamental na missão e na vida evangelizadora da Igreja, já que ele representa e torna

---

[1] Cf. ZAGO, Marcello. Diálogo inter-religioso. In: KAROTEMPREL, Sebastian (dir.). *Seguir a Cristo en la misión*: manual de misionología. Estella (Navarra): Editorial Verbo Divino, 2000. p. 92.

[2] Cf. BUBER, M. *Eu e tu*. São Paulo: Cortez & Moraes, 1977. p. 32.

possível "o conjunto das relações inter-religiosas, positivas e construtivas, com pessoas e comunidades de outros credos para um conhecimento mútuo e um recíproco enriquecimento"[3], ao mesmo tempo em que colabora com a dinâmica de "conversão mais profunda de todas para Deus".[4] O diálogo inter-religioso adquire maior urgência ao ser observado que as religiões buscam relacionar os homens ao redor de "certas" categorias existenciais que as constituem e que pretendem dar razão e expressão às perguntas radicais que ocupam um lugar central na vida de cada homem. Elas pretendem expressar, com palavras e símbolos, todos os sentimentos e pensamentos que envolvem a vida do ser humano, tanto em suas relações sociais como também em sua individualidade. Assim, os homens "por meio de religiões diversas procuram uma resposta aos profundos enigmas para a condição humana, que tanto ontem como hoje afligem intimamente os espíritos dos homens, quais sejam: que é o homem, qual o sentido e fim de nossa vida, que é bem e que é pecado, qual a origem dos sofrimentos e qual sua finalidade, qual o caminho para obter a verdadeira felicidade, que é a morte, o julgamento e retribuição após a morte e, finalmente, que é aquele supremo e inefável mistério que envolve nossa existência, donde nos originamos e para o qual caminhamos".[5]

---

[3] Pontifício Conselho para o Diálogo Inter-Religioso. *Diálogo e anúncio.* Petrópolis: Vozes, 1991, n. 9.

[4] Pontifício Conselho para o Diálogo Inter-Religioso. Diálogo e anúncio. Petrópolis: Vozes, 1991, n. 41.

[5] Cf. NA 1.

O diálogo inter-religioso

3. O Concílio Vaticano II (1962-1965) representa um dos eventos mais significativos na conscientização da grandeza e da importância do diálogo inter-religioso no mundo contemporâneo. O discurso de João XXIII, pronunciado na abertura do Concílio, estabelece uma mudança de perspectiva decisiva, em que o fundamental, agora, não é mais a luta contra o "erro" e o uso da "severidade", mas sim "a medicina da misericórdia", a busca do *aggiornamento*. Esta sensibilidade foi fundamental para a instauração do diálogo com o mundo moderno e, também, com as instâncias ecumênicas e inter-religiosas. Com a declaração *Nostra Aetate*, o Concílio Vaticano II inaugura um novo modo de abordar a questão das outras religiões. Diferentemente dos outros textos do magistério, *Nostra Aetate* manifesta uma relação novidadeira da Igreja com as outras religiões. Em especial, constatamos uma mudança na forma de tratamento, na qual vigoram o respeito e a acolhida. A novidade, agora, reflete-se no fato da apreciação positiva ao relacionar a Igreja católica com as outras religiões, e não apenas nos fiéis que delas participam. É uma abertura ao que há de "verdadeiro e santo" nas religiões, em seus "modos de agir e viver", em seus "preceitos e doutrinas".[6] Em sua análise sobre o tema, Karl Rahner sublinhou ser inovador este novo modo de relacionar da Igreja com as diversas religiões enquanto "realidades sociais concretas e com seus edifícios doutrinais e a sua vida". Para ele, as outras religiões não

---

[6] Cf. NA 2.

apresentam unicamente "elementos de uma natural crença em Deus", mas igualmente "substanciais traços sobrenaturais da Graça, concedida por Deus ao homem em razão de Cristo".[7]

4. O papa Francisco, seguindo a Bento XVI, João Paulo II e Paulo VI, recordou o vigoroso impulso que significou a declaração *Nostra Aetate* para a conquista de um mútuo entendimento entre as religiões. Na audiência pública do dia 28 de outubro de 2015, na qual recordou os 50 anos de *Nostra Aetate*, nos convida a uma mútua colaboração, já que, segundo o papa Francisco: "o mundo olha para nós, crentes, exorta-nos a colaborar entre nós e com os homens e as mulheres de boa vontade que não professam religião alguma, pede-nos respostas eficazes sobre numerosos temas: a paz, a fome e a miséria que afligem milhões de pessoas, a crise ambiental, a violência, em particular a cometida em nome da religião, a corrupção, a degradação moral, as crises da família, da economia, das finanças e sobretudo da esperança". Destacou, também, a importância dos inúmeros encontros realizados em Assis, que com sua "chama" estendeu em todo o mundo o "sinal da esperança". E apontou outros muitos eventos que colaboraram para a conscientização da importância do diálogo inter-religioso em nosso contexto atual, sejam eles de iniciativas institucionais, sejam também pessoais. Para o papa Francisco, o diálogo inter-religioso favorece a escuta do outro, ao mesmo tempo em que abre novos

---

[7] Cf. RAHNER, K. Cristianesimo e Religioni non Cristiane. In: *Saggi di antropologia soprannaturali*. Roma: Paoline, 1965. p. 545.

O diálogo inter-religioso

caminhos para o diálogo entre as diversas religiões, em "uma atitude de abertura na verdade e no amor".[8]

5. É importante recordar que o diálogo inter-religioso não significa renunciar ou abandonar os princípios da Verdade e da própria fé, mas sim buscar no outro tudo aquilo que é positivo e que ajuda na busca da Verdade. É evidente que os cristãos não podem dissimular, na práxis do diálogo inter-religioso, a própria fé em Jesus Cristo. Por sua vez, reconhecem nos seus interlocutores, que não partilham a fé que eles têm, o direito e o dever inalienáveis de se empenhar no diálogo preservando suas próprias convicções pessoais – e também as pretensões de universalidade que podem fazer parte da fé dos mesmos".[9] Acreditamos que o diálogo inter-religioso pode se dar de pessoa a pessoa, até mesmo dentro da família, ou em grupos maiores e mais organizados. Muitas vezes, este mesmo diálogo se desenvolve em encontros casuais, não deliberados, tais como: no trabalho, no bairro e nas viagens.

6. A experiência de escuta mútua forma o fundo de nossas vidas que, com atenção e respeito, constituem uma valiosa contribuição para o nosso peregrinar social. Cada vez mais se dão encontros programados que unem as diversas religiões que buscam, com um autêntico vigor, unir-se em vista de um bem maior e comum. É desastroso para a sociedade observar que, muitas vezes, diferentes grupos religiosos usam de

---

[8] Cf. EG 250.

[9] Cf. DUPUIS, J. *Rumo a uma teologia cristã do pluralismo religioso*. São Paulo: Paulinas, 1999. p. 516.

suas naturais diferenças religiosas para justificar seus desejos de hegemonia com violência. Segundo o papa Francisco: "A religião não deve justificar a violência. É muito importante que sejamos vistos como profetas da paz, pacificadores que convidam outros a viver em paz e de forma harmoniosa e com respeito mútuo".[10] Cada religião autêntica surge da profunda convicção de uma intuição, entendimento ou visão de uma transcendência que nos é comum e que ao compartilhá-la nos faz crescer na unidade e na paz.

7. Por fim, afirmamos que todo diálogo inter-religioso deveria estar animado da vontade de uma mútua compreensão e admiração. Animado deste mútuo respeito, deve estar isento de toda ofuscação causada pelas imensas diversidades e de toda vontade de conquista por meio da violência e da injustiça. Assim, compreenderemos que "o que de verdade (*veritatis*) e graça (*gratiae*) há no coração e no espírito dos homens ou nos ritos e culturas próprias dos povos, não só não se perde, mas é purificado, elevado e consumado para a glória de Deus [...]".[11] Animados por este espírito de comunhão, convido nossas comunidades católicas a estarem abertas ao diálogo ecumênico; a saírem em busca de novos caminhos que favoreçam o diálogo entre os homens e as diversas religiões, para que possamos tornar realidade em nosso meio aquilo que disse o papa Francisco: "Muitos pensam diferente, sentem

---

[10] Cf. Discurso em Quênia, 26/11/2015.

[11] *Enchiridion Vaticanum* 1, op. cit., p. 1081. A propósito, confira também DUPUIS, J. *Il cristianesimo e le religioni*, op. cit., pp. 29-30.

diferente, buscam Deus e encontram a Deus de maneira diferente. Nesta multidão, neste leque de religiões, há uma só certeza: todos somos filhos de Deus".

Que o Senhor nos acompanhe neste caminho de comunhão e fraternidade, e nos faça sensíveis e abertos às inspirações do Espírito Santo de Deus!

2º Capítulo

Coragem de dialogar

Rabino Michel Schlesinger[*]

1. Um dos maiores desafios para o ser humano se encontra justamente no diálogo. Isto porque dialogar significa ir ao encontro do outro, mas, sobretudo, ao encontro de si próprio. Ao dialogar, entramos em contato com nossos próprios medos, angústias e inseguranças. Dialogando, descobrimos com mais profundidade quem somos e também aquilo que nunca seremos. O diálogo nos retira de nossa zona de conforto e nos arremessa no confronto de ideias e valores.

2. Acredito que existem pré-requisitos para o diálogo. O primeiro deles é alguma segurança em si próprio. Somente possui coragem de encontrar a alteridade aquele que tem certa tranquilidade em torno das próprias convicções. Apenas quando estou razoavelmente seguro daquilo

---

[*] Bacharel em Direito pela USP, rabino da Congregação Israelita Paulista e representante da Confederação Israelita do Brasil para o Diálogo Inter-Religioso.

Coragem de dialogar

que sou, consigo confrontar o outro sem que meu mundo seja totalmente desconstruído. Ao mesmo tempo, existe um segundo requisito absolutamente essencial, que é a assunção de que a vida admite infinitas interpretações. Uma importante dose de pluralismo é condição para o exercício do encontro de ideias. Se admito haver apenas uma verdade, que de fato costuma ser a minha, não suporto a dor de ser confrontado com qualquer "mentira". No entanto, se pressuponho um mundo de nuances e tonalidades, estou equipado com a faculdade de escutar aquilo que destoa um pouco ou radicalmente daquilo que creio.

3. A tradição judaica, desde o texto bíblico, passando pela produção rabínica medieval e chegando aos escritos modernos, defendeu a ideia do pluralismo. Max Kadushin, acadêmico do judaísmo que viveu no século 20, descreveu a literatura judaica clássica com o termo "inconsistência da crença". Em outras palavras, para a sistemática interpretativa judaica, algo poderia ser e não ser simultaneamente. O *midrash*, a exegese textual judaica, desde sempre confrontou ideias contraditórias sem a necessidade de eleger uma vencedora. O Talmud, obra concluída na Babilônia em 550 da Era Comum, em qualquer folha que se leia, traz uma série de opiniões conflitantes sobre determinado tema e, normalmente, não elege qual deveria prevalecer.

4. A tradição judaica retrata Deus em constante diálogo consigo mesmo. O criador do mundo tem duas características que conversam uma com a outra o tempo inteiro. A primeira delas é a justiça e a segunda, a mise-

ricórdia. Nossos textos sagrados apontam para um Deus dotado da capacidade de fazer julgamentos severos, por um lado, e um Deus generoso e acolhedor, por outro. *Din* e *rachamim*, justiça e misericórdia, esses dois atributos de Deus estão em negociação o tempo todo.

5. Esse modelo teológico existe para falar não apenas sobre Deus, mas também sobre nós. O funcionamento da sociedade precisa estar baseado nessas duas premissas. Precisamos das leis, são elas que orientam nosso comportamento e limitam nossa ação. Ao mesmo tempo, precisamos extrapolar a lei por meio da ética, por meio do confronto de ideias. Sobretudo, precisamos do diálogo que existe entre essas duas como modelo de uma vida de confronto perene de valores e ideias.

6. A ética nos auxilia a ver a realidade que existe além da lei. Em muitos casos, a ética está justamente no descumprimento da lei. Se a lei é essencial para a organização de uma sociedade justa, a aplicação insensível da lei pode ser responsável pela criação de grandes injustiças.

7. Ramban, ou Nachmánides, rabino catalão do século 12, interpretou o mandamento judaico de sermos sagrados, *"kedoshim tihuú"*. Para o sábio, para levar uma vida sagrada, não adianta apenas cumprir os mandamentos, é preciso respeitar o espírito por trás dos mandamentos. Ramban cunhou um termo muito interessante que é *"naval birshut hatorá"*, que significa "uma pessoa repulsiva com a permissão da lei". Na opinião do rabino espanhol, a manipulação do ordenamento jurídico pode levar a injustiças lícitas, falcatruas legais, roubos com o aval da lei.

Coragem de dialogar

8. Justamente por este motivo, o judaísmo propõe que nossos julgamentos nunca percam de vista a dimensão da ética. Assim como Deus fica incompleto quando não exercita seu lado do *rachamim*, a compaixão, a sociedade é capenga quando prescinde de seu julgamento ético.

9. As leis judaicas foram criadas a partir de debates. É fascinante constatar que não somente as leis foram preservadas, mas os debates também foram eternizados. Assim, hoje, temos acesso não somente às leis criadas dois mil anos atrás, mas temos também acesso às atas das reuniões realizadas para a criação de cada uma de nossas leis.

10. A própria *Mishná*, compilada na Judeia por volta do ano 250 da Era Comum, no tratado de Eduiót, questiona: "se a opinião da maioria prevaleceu, por que a opinião da minoria precisa ser registrada?". E a própria *Mishná* responde, "porque um dia, na aplicação concreta de determinado caso, um juiz poderá compreender que aquilo que hoje nós derrotamos será, no futuro, o caminho mais ético a se escolher".

11. Os próprios criadores da lei carregavam sobre seus ombros uma tamanha responsabilidade ética que se negavam a deletar as opiniões que foram vencidas. Acreditavam que poderia chegar o dia, com as mudanças sociológicas imprevisíveis, em que o mais ético seria fazer justamente aquilo que em seu tempo optaram por proibir.

12. É possível ler a lei, mas é também possível buscar o que está escrito nas entrelinhas da lei. Para isso, a tradição judaica também criou uma expressão: *"Lifnim miShurát Hadín"*, que significa, justamente, nas entrelinhas da lei.

Uma lei possui um espírito que motiva sua criação. Por vezes, precisamos descumprir a lei para salvar o espírito que gerou aquela mesma lei.

13. Quando criaram as interpretações da Torá, os sábios do Talmud decidiram que este material seria mantido na oralidade. O que hoje conhecemos como Torá Oral é uma colossal quantidade de debates que foram produzidos, memorizados e transmitidos na forma oral por diversos séculos. A intenção era que apenas a Torá escrita, essa que lemos até hoje em nossas sinagogas, fosse redigida e o restante do material permanecesse para sempre na oralidade.

14. No entanto, com o passar dos anos, os judeus perceberam que aquele tesouro seria perdido. As diversas perseguições e as necessidades sociais fizeram com que judeus buscassem trabalhos que os impediam de se dedicar muitas horas ao estudo. Então, tomaram a decisão de escrever a Torá Oral. Foi uma decisão muito dura. Na época, acreditavam estar traindo seus mestres, pensavam que estavam cometendo um grande pecado contra seu passado. E, então, criaram uma expressão judaica para descrever seu sentimento: *"Et Laassót LAdonai, Efêro Toratêcha"*, "no momento de grande necessidade, a Torá precisa ser subvertida". A partir daquele momento histórico, essa expressão passou a ser utilizada diversas vezes, quando se sente a necessidade de descumprir ou atualizar a lei por conta de uma urgência ética.

15. No céu, segundo nossa teologia, Deus é responsável por determinar a lei e a ética. É Ele quem decide qual será uma e outra, como será o debate entre as duas

Coragem de dialogar

e qual delas prevalecerá em cada circunstância, na eventualidade de um conflito. Seu lado da justiça (*din*) está em constante diálogo com sua misericórdia (*rachamim*).

16. Uma lenda do Talmud conta que Deus também reza. E qual seria a oração de Deus? Segundo esta alegoria, a oração de Deus seria a seguinte: "que minha ética prevaleça sobre minha justiça".

17. E aqui, de que maneira decidimos o que é justo, o que é ético e o que deve prevalecer, em caso de conflito? Qual é o órgão judaico responsável pela determinação e atualização das leis? Qual é a instância máxima de resolução no caso de conflitos? Quem é o guardião da ética judaica?

18. A chave da resposta está no modo pelo que nós judeus estudamos nossos textos tradicionais, no sistema que recebeu o nome aramaico de *chavruta*, "amizade". A forma tradicional de leitura dos cânones judaicos é em dupla para estimular o debate. O judaísmo acredita que a boa leitura dos textos, e também dos contextos, é aquela que nasce do diálogo. Quando duas pessoas se encontram para avaliar conjuntamente uma situação, o resultado tende a ser razoável. Assim, o judaísmo vê na leitura solitária da realidade e dos textos sagrados a origem do fanatismo.

19. "Uma vez que a religião não é suficiente nem necessária para o comportamento moral", afirma o rabino Elliot Dorff, "e uma vez que a religião pode produzir imoralidades, algumas pessoas concluem que religião e moralidade logicamente não tem nada a ver uma com a outra. As duas podem se afetar mutuamente", afirma

Dorff, "mas como agentes independentes; sua interação pode beneficiar ou prejudicar".[1] O rabino contemporâneo atenta para o fato de a religião não ser garantia da vigilância ética, mas um potencial de inspiração que também poderá nascer de outras estruturas laicas de valor.

20. De forma ampla, quem exerce hoje este papel de monitoramento da razoabilidade das decisões, no judaísmo, é a comunidade. O modelo judaico centrado em *kehilót* é o que garante que as decisões que serão tomadas estarão de acordo com a norma e também com a ética. É a comunidade que exerce o papel de Deus na terra e trabalha para que haja equilibro entre *din* e *rachamim*. A coletividade garante que justiça e ética sejam simultaneamente contempladas nas decisões diariamente tomadas.

21. Por muitos anos, as leis religiosas e seus valores éticos governaram a vida dos judeus. Também na administração laica de nossas cidades, estados e país, acredito, justiça e ética devem ser confrontadas sistematicamente. É preciso saber que é possível haver atos repulsivos dentro da lei (*"naval birshut hatorá"*) e, por este motivo, a leitura do espírito que está nas entrelinhas (*"lifnim mishurat hadin"*) precisa ser valorizada. Em momento de grande urgência, a norma aética precisa ser confrontada (*"et laassót LAdonai efero toratecha"*) e o espírito da *chavruta*, do debate e do diálogo, precisa prevalecer sempre sobre o desejo do indivíduo.

---

[1]   DORFF, Elliot. N. *The unfolding tradition*: Jewish law after Sinai. New York: Aviv Press 2005. p. 339.

Coragem de dialogar

22. É preciso viver em nossas escolas, nos ambientes de trabalho e em nossas casas com a enorme responsabilidade de conciliar o *din* com o *rachamim*. Este pode ser um modelo para que toda a sociedade viva em constante diálogo.

23. Como nos alerta o rabino Dorff, a religião não será garantia de uma sociedade ética. Celebramos o estado laico e, ao mesmo tempo, reconhecemos que valores representados pelo modelo teológico de um Deus que busca aliar lei à ética nos poderão servir de inspiração. Que possamos nos engajar em uma *chavruta* séria e comprometida em favor de uma sociedade da qual, um dia, nos orgulhemos.

Que possamos ter a coragem de dialogar!

Shalom.

3º Capítulo

A importância do diálogo inter-religioso no Islã

Sheikh Jihad Hassan Hammadeh [*]

1. Para os muçulmanos, Deus criou as pessoas diferentes umas das outras, física, mental, social e espiritualmente. Uma pessoa é diferente da outra na fisionomia, uma pensa diferente da outra, mesmo sendo da mesma família ou grupo social; uma acredita e tem uma prática espiritual de forma diferente da outra; portanto, essa é a natureza do ser humano. Então, essas diferenças naturais, que Deus estabeleceu, devemos reconhecê-las e tratá-las como sendo uma característica humana; umas características são imutáveis e outras mutáveis. Porém, o nosso tema é sobre como conviver com o outro e como

---

[*] Teólogo muçulmano, historiador, cientista social, palestrante, presidente do CALCEE – Centro Árabe-Latino de Cultura e Estudos Estratégicos; presidente do Conselho de Ética da UNI – União Nacional das Entidades Islâmicas; membro do Conselho Superior dos Teólogos e Assuntos Islâmicos do Brasil, e da WAMY – Assembleia Mundial da Juventude Islâmica.

devemos lidar com essas diferenças, qual o meio que devemos utilizar para que haja uma harmonia na convivência social, sem ter que ser privados das nossas próprias características ou discriminados por ela, e como o Islã aborda essas questões e como ensina os fiéis a agirem e a tratarem esse tema tão importante e essencial para o convívio em sociedade.

Deus diz no Alcorão sagrado: "E se o teu Senhor quisesse, faria as pessoas serem uma nação só..." (Surata 11, versículo 118).

2. Portanto, se Deus determinasse, seríamos do mesmo jeito, da mesma fisionomia, da mesma classe social, da mesma religião ou ideologia etc.; porém, determinou que houvesse essa diferença por um motivo, para testar cada pessoa, no seu comportamento, caráter e conduta, mas para isso se concretizar deu ao ser humano o livre-arbítrio, e, através dele, seremos avaliados: quem fizer bom uso de suas escolhas, será recompensado, e quem fizer mau uso, será passível de punição.

Deus diz no Alcorão sagrado: "Enaltecido seja Aquele cujo Reino está em Suas Mãos e Que pode sobre todas as coisas. Aquele que criou a morte e a vida para testá-los, quem de vós é melhor nas ações" (Surata 67, versículos 1 e 2).

3. Esses testes servem como avaliação sobre como fazemos nossas escolhas, quais caminhos escolhemos, quais atitudes decidimos tomar diante de certa situação, como, por exemplo, quando vejo uma pessoa diferente

de mim em algum aspecto, como vou lidar com ela? Com aceitação ou rejeição? Respeito ou desrespeito?

4. Esses testes se estendem por toda a vida e em todos os momentos e situações, na vida real ou na virtual; portanto, vou construindo minha personalidade, momento após momento, ação somada a outra. Assim também faço na educação dos meus filhos, no convívio matrimonial, no círculo de amigos e no convívio social.

5. O diálogo é essencial para se ter uma vida harmoniosa e estável; é necessário conhecermos uns aos outros, saber o que o outro pensa, no que acredita, qual sua expectativa em relação a minha pessoa. Mas isso não basta, pois eu também tenho que me apresentar de uma forma harmoniosa e esclarecer a minha crença de forma respeitosa e agradável; para isso tenho que me preparar para algumas situações não esperadas, como uma acusação ou uma colocação feita pelo outro que possa em princípio ser entendida como ofensa, mas que pode ter sido um lapso, uma má formação da frase, uma ideia errada que lhe foi passada a respeito de mim e de minha crença, como é o caso, atualmente, em muitos lugares, por conta de algumas pessoas que se dizem seguidoras do Islã e que cometem atos que a própria religião e os próprios muçulmanos, clérigos e fiéis, condenam; porém, ao ser noticiado esse fato em grande escala, muitos passam a crer que a própria religião é que ordena isso e que todos os muçulmanos são iguais. Certamente que isso é uma das dificuldades que os muçulmanos estão enfrentando, em muitos lugares, tanto no Brasil quanto no mundo; porém, aqui entram os ensinamentos da religião e nesses

A importância do diálogo inter-religioso no Islã

momentos devemos ser proativos, tentar mostrar o contrário, mostrar a essência verdadeira da nossa religião e o efeito desses ensinamentos e valores, morais e éticos, no nosso comportamento.

> Deus diz no Alcorão sagrado: "E dialogue com eles da melhor forma..." (Surata 16, versículo 125).

6. O diálogo é entendido, no Islã, como sendo a busca pela verdade e a descoberta do que é falso; portanto, é uma forma que os envolvidos usam e se ajudam para chegar a um resultado benéfico a todos, no qual se convive em harmonia, respeito e paz, mesmo não tendo os participantes convencido uns aos outros de sua ideologia; porém, chegaram ao entendimento que devem ter o direito de concordar ou discordar, sempre respeitando a decisão do outro.

7. Concordar ou discordar do outro é uma das características do ser humano; qualquer um pode discordar de mim e da minha crença, como eu também posso fazer o mesmo. Isso não é preconceito nem discriminação, mas direito de cada um. O que não podemos ser é desrespeitosos com o outro e com sua crença, não podemos nem devemos zombar e ofender nenhuma pessoa e nenhuma crença.

> Deus diz no Alcorão sagrado: "E não injurieis os que invocam além de Deus..." (Surata 6, versículo 108).

8. Esta regra divina nos orienta e ensina como devemos nos comportar de forma respeitosa com nossa

religião e com as demais; nunca desrespeitar as pessoas usando ofensas contra sua dignidade ou fé, o que muitos que se dizem religiosos e até líderes religiosos praticam hoje, inclusive, dentro dos próprios templos. Certamente, essa prática, além de ser ilegal, tem alcançado o mundo virtual e se disseminado muito rapidamente nas redes sociais, através de comentários de publicações de jornais, artigos ou postagens pessoais, com incitações ao ódio ao outro, discriminação, preconceito, ofensas com palavrões, sempre usando a religião do outro como motivo para isso.

9. Essa prática demonstra que muitas pessoas dizem ser religiosas, porém, sua conduta, comportamento, palavras e ações não estão expressando isso, o que nos deixa claro que, a um adepto de uma crença, não basta conhecer seus fundamentos, preceitos, orientações, ler o livro sagrado várias vezes, tê-lo de memória, citá-lo ou pregá-lo; é necessário que essa crença esteja dentro do adepto, transformando-o numa pessoa melhor, num cidadão de bem, numa pessoa paciente, promotora da solidariedade, da justiça, da paz, do respeito ao outro; defensora dos direitos dos outros, mesmo que ela não concorde com eles, se esses não prejudicarem a sociedade, certamente.

10. Muitos pregam o perdão, mas nunca perdoam, pregam a paz e incitam à agressão, falam de Deus, mas agem totalmente em desobediência a Ele.

11. É necessário, portanto, termos coerência em nossas vidas, alinharmos aquilo que cremos com o que falamos e o que praticamos; assim, estaremos sendo sinceros e não teremos uma crise de personalidade.

A importância do diálogo inter-religioso no Islã

12. Não podemos esquecer que alguns meios de comunicação têm uma parte da responsabilidade sobre isso, porque acabam divulgando de forma generalizada uma notícia de algum crime praticado por um seguidor de uma religião, associando, assim, a religião e seus seguidores a essa prática. Isso provoca uma comoção social e, consequentemente, um ódio contra todos eles.

13. Como muçulmano, vejo que o Islã, apesar de ser uma das maiores religiões do mundo, era pouco conhecido até os atentados de 11 de setembro de 2001, nos EUA; então, começou a ter uma grande visibilidade, porém, de forma negativa, sempre sendo associado ao terrorismo. Esse fato continua até hoje, o que provocou muitos casos de discriminação e preconceito contra os muçulmanos; porém, o que chama a atenção são as atitudes proativas de seus adeptos e das instituições islâmicas, que se abriram mais para a sociedade, já que houve uma procura muito grande para se conhecer os preceitos islâmicos. As mesquitas passaram a receber um número muito grande de visitantes. No início, uma parte desses visitantes tinha algum tipo de receio de entrar num templo islâmico, não sabia o que os esperava nem como se comportar; porém, após as visitas, as impressões eram das mais positivas possíveis, pois lhes era explicado algo que não se divulgava sobre o Islã. Tiravam suas dúvidas e saíam com algumas publicações sobre o Alcorão e sobre a crença islâmica, além das palestras que foram ministradas em diversas universidades, faculdades, escolas e empresas, inclusive, em várias repartições públicas, como Câmaras Municipais, Assembleias Legislativas, Congresso Nacional etc.

14. Além disso, não posso deixar de citar a veiculação da novela "O Clone", que retratava o cotidiano de uma família muçulmana comum, mostrando que não se diferenciava de nenhuma outra família não muçulmana, a não ser em suas práticas religiosas; porém, sofria influência do meio no qual estava inserida. Isso ajudou a amenizar muito o preconceito contra os muçulmanos no Brasil, porque, logo após aparecerem várias notícias negativas no Jornal Nacional, relacionadas aos muçulmanos, iniciava-se a novela mostrando a vida comum dos islâmicos, como também sua rica e diversificada cultura.

15. O diálogo inter-religioso se intensifica cada vez mais nesse período, com iniciativas de diversas denominações religiosas, principalmente, a Igreja Católica, que tomou a frente ao promover vários encontros e eventos dentro de sua rede de instituições e fora dela, como a Comissão para o Ecumenismo e o Diálogo Inter-religioso, bem como a Casa da Reconciliação, que teve um papel importante nesse trabalho de reunir líderes religiosos para debaterem várias ideias e projetos de promoção da fraternidade entre os povos e as crenças e o diálogo entre eles, em várias partes do Brasil. Isso ajudou muito a preservar a harmonia na nossa sociedade e a convivência pacífica entre os seguidores das diversas denominações religiosas. Esse trabalho teve um resultado positivo devido à grande visibilidade tanto na mídia quanto dentro das diversas instituições brasileiras. Os líderes religiosos puderam orientar as pessoas e mostrar, oficialmente, cada um falando em nome de sua denominação, a posição quanto ao respeito ao outro, às denominações religiosas,

A importância do diálogo inter-religioso no Islã

aos templos, à liberdade religiosa, e incentivando as pessoas a dialogarem, a interagirem e a se conhecerem mais.

Deus diz no Alcorão Sagrado: "E ajudem-se, mutuamente, na bondade e na adoração e não se ajudem, mutuamente, no pecado e na agressão" (Surata 5, versículo 2).

16. Todo esse trabalho não seria produtivo nem daria resultado positivo se não estivesse presente este espírito de ajuda mútua, na bondade e na adoração ao Criador; não teríamos tido tanto sucesso até aqui. Mas ainda há um longo caminho a percorrer, pois essa missão não tem fim. Cada um de nós é uma sentinela que deve estar atenta para que o desrespeito ao outro não prolifere ainda mais dentro de nossa sociedade. Ainda há pessoas sofrendo por seguirem determinada religião, ou não podendo se declarar seguidoras de tal religião, nem sequer praticar o básico dela dentro de sua casa, no seu trabalho ou em público. Exemplo disso ocorreu com uma brasileira que se converteu ao Islã e passou a adotar o véu como sua vestimenta diária. Ao ser entrevistada para um emprego, a dona do estabelecimento não a contratou, apesar de ter as aptidões necessárias, como ela declarou, somente por estar de véu; então lhe colocou uma condição para ser contratada: que retirasse o véu.

17. Talvez isso não diga respeito a muitas pessoas, ou não vejam isso como um ato grave, porque imaginam, por não conhecerem os princípios islâmicos, que seja um símbolo religioso, mas não é. O véu é uma prática religiosa como se fosse a oração, o jejum e a caridade;

portanto, se alguém proibir a muçulmana de usá-lo, estará restringindo seus direitos religiosos. Se permitirmos isso, estaremos permitindo que amanhã nossos direitos também sejam restringidos; por isso, é importante que o diálogo inter-religioso seja contínuo.

18. Um dos frutos positivos do diálogo inter-religioso foi a criação de um grupo de trabalho formado por líderes de várias denominações, chamado Conarel – Conselho Nacional das Religiões, o qual espero que se concretize como um órgão representativo registrado oficialmente e que sirva de voz oficial das religiões no Brasil, interagindo com todas as esferas, brasileiras e internacionais.

19. É necessário saber que o diálogo inter-religioso é uma construção diária de todas as pessoas, não somente dos líderes religiosos. É necessário dialogarmos interna e externamente, falar com os iguais e com os diferentes, e que as pessoas se conscientizem de que a melhor forma de fazer a sua religião crescer e se expandir é através do bom comportamento e das boas maneiras de cada adepto, mostrando as melhorias que essa crença produz nas pessoas. Esse é o *marketing* positivo. Por isso, não podemos praticar o *marketing* negativo, que seria trazer mais adeptos para a minha crença sabotando, ofendendo e agredindo a crença alheia e seus seguidores.

20. Esse ensinamento foi passado por todos os profetas e mensageiros de Deus. Exemplo disso foi quando um homem veio até o profeta Mohamad – que a paz de Deus esteja com ele, com Abrão, Moisés e Jesus – e lhe pediu que o profeta lhe ensinasse a religião Islâmica, de uma

forma sucinta e satisfatória. Então, ele lhe respondeu: "Diga: Creio em Deus, e aja de acordo!".

21. Devemos ser coerentes com a nossa crença sempre, pois ela sempre ensina que sejamos justos, respeitosos e pacíficos; portanto, o caminho para chegar a isso é através do diálogo.

Que Deus abençoe e guie a todos!

4º Capítulo

Para que todos sejam um, assim como nós (Jo 17,11)

Dom Romanós Daowd [*]

1. Neste trecho da oração que Jesus fez um pouco antes de sua morte, Ele suplicava a seu Pai por nossa unidade, isto é, que sejamos um como a Santíssima Trindade é uma.

2. Uma leitura rápida da história nos indica que Jesus tinha razão em sua súplica, pois nada ameaçou a unidade de sua Igreja mais do que suas divisões internas. Jesus, antes de deixar seus discípulos continuarem sua missão junto com o Espírito Santo, estava muito preocupado com a unidade de seus apóstolos e daqueles que nele iam crer através deles.

---

[*] Bispo Auxiliar Ortodoxo Antioquino de São Paulo e de todo o Brasil. Formado em Teologia pela Faculdade de São João Damasceno de Balamand, no Líbano, em 2002. Diplomado em música bizantina no Instituto Superior Nacional de Atenas, em 2005; doutor em grau de excelência pela Faculdade de Filosofia da Universidade de Atenas, departamento de Ciências da Música, em 2009.

Para que todos sejam um, assim como nós (Jo 17,11)

3. Deus criou o mundo com diversidade, através de vários talentos concedidos aos seres humanos, para que tudo funcione em harmoniosa unidade. Após a queda e a entrada do pecado na vida da humanidade, o inevitável fruto foram as divisões e a dilaceração, os quais romperam a unidade entre Deus e o ser humano, entre o ser humano e o universo, entre os seres humanos e entre o ser humano e si mesmo.

4. Dilacerou-se a relação entre Adão e Eva, entre os primeiros irmãos, quando Caim matou Abel. Nosso mundo está sendo rasgado cada vez mais por causa do pecado, enquanto Deus o criou em unidade na diversidade. A divisão sempre é um terrível pecado contra a vontade de Deus. A santidade da Igreja prova-se por sua unidade, ou seja, a unidade da Igreja é sinal de sua santidade, pois essa unidade é a prova da pureza de sua origem divina, longe de toda confusão humana e pecadora.

5. Infelizmente, hoje em dia, tudo está operando para separar o mundo em vários grupos. A política une grupos humanos, ou até países, uns contra os outros. Nisso a política une para separar.

6. Os partidos, instituições, empresas, a mesma coisa, vinculam-se por relacionamentos sociais ilusórios, que separam não somente pessoas de pessoas, mas ainda sociedades inteiras de outras sociedades.

7. O preconceito entre as religiões, ou na mesma religião, é um crime duplo, pois a razão de ser da religião é unir, e não o contrário. A religião torna-se uma mentira, uma estupidez, uma falsidade quando desune a humanidade, quando deveria ser um oásis para o irmão descansar ao lado de seu irmão.

8. No tempo de Jesus, o que dividiu os samaritanos dos judeus foi a religião, enquanto Jesus, por sua vez, não rejeitou a mulher cananeia nem viu nenhum problema em falar com a samaritana.

9. Em nosso tempo, a religiosidade das várias igrejas divide o corpo místico de Jesus Cristo, isto é, a Igreja una. Será que o corpo de Jesus Cristo está sendo dividido em nosso tempo? Como estamos nos comportando em relação à súplica e à oração de Jesus pela unidade de seus seguidores?

10. Ele, em sua oração, usou palavras que mostram qual deve ser a base de nossa responsabilidade de realizar a reconciliação ou a unidade entre as igrejas, pela qual Ele rezou. E o fundamento dessa unidade está exatamente no grande e maior mandamento deixado pelo Senhor Jesus, o do amor, amor a Deus e ao próximo. É nesse sentido que entendemos o lema da Semana de Oração pela Unidade dos Cristãos de 2017: "É o amor de Cristo que nos impele" (2Cor 5,14).

11. O que fica claro nas palavras da oração de Jesus é que a unidade da Igreja está vinculada com a vida do Deus Trinitário. Esta unidade é imagem e a exemplo da unidade que une a Santíssima Trindade: "Para que sejam um, assim como nós", "Para que todos sejam um, como tu, ó Pai, o és em mim, e eu em ti; que também eles sejam um em nós" (Jo 17,21). A unidade cristã provém da unidade com Jesus e, por conseguinte, com a Santíssima Trindade.

12. Primeiramente: a unidade na Santíssima Trindade está baseada no "Amor", amor nunca maculado pelo peca-

Para que todos sejam um, assim como nós (Jo 17,11)

do. A unidade e o amor são dois valores que se realizam em comunhão entre si. Não há amor sem unidade, nem existe unidade sem amor.

13. No Antigo Testamento, o amor a Deus e o amor ao próximo eram dois mandamentos, mas Jesus Cristo uniu em si mesmo os dois, fazendo de um a motivação para o outro. Nosso amor a Deus constitui nossa motivação a amar o próximo, pois ele é "a imagem de Deus". Chegamos à unidade com Deus através do próximo.

14. A expressão "povo de Deus" deve se referir a pessoas que amam umas às outras, para assim aprenderem o amor a Deus. E é exatamente esse amor que funda espiritualmente a Igreja e a une.

15. O Cristianismo dedica o primeiro lugar ao "amor", considerando-o a motivação para todas as virtudes. O amor divino, então, deve ser a base de todas as formas de relação entre as igrejas, conforme as palavras de Jesus: "Nisto todos conhecerão que sois meus discípulos, se vos amardes uns aos outros" (Jo 13,35).

16. Todos alegamos nos amar mutuamente, mas todos amamos de verdade? O que importa amar não é tanto "amar muito", mas amar "mais". Um amor divino como o da Santíssima Trindade, que sempre prefere o outro a si mesmo, dá-se incondicionalmente, sem pedir algo em troca, renuncia a si mesmo para fortalecer o próximo. Amor que inspira liberdade, humildade e sacrifício. E assim fico sem saber ao certo se santo é aquele que ama verdadeiramente ou se quem ama verdadeiramente é santo...

17. Se queremos ser um, amemo-nos como Jesus nos ama, imitemos Jesus que amou até seus crucificadores, e continua nos amando apesar de sermos pecadores, como aprendemos na Primeira Epístola de João: "Conhecemos o amor nisto: que Jesus deu a sua vida por nós, e nós devemos dar a vida pelos irmãos" (1Jo 3,16). Assim poderemos passar da divisão, que é a nossa morte, à unidade, que é nossa vida, do desacordo à reconciliação, como o Evangelista João disse: "Nós sabemos que passamos da morte para a vida, porque amamos os irmãos. Quem não ama a seu irmão permanece na morte" (1Jo 3,14).

18. Estamos aqui refletindo, irmãos e irmãs. No coração de cada um de nós existe amor para com o outro, e qual é a extensão desse amor? É maior que tudo aquilo que nos divide? Se não for, então não temos o direito de falar sobre o amor verdadeiro e reconciliação. Eu creio que o amor que nos une é maior que todas as diferenças que há entre nós e que nos separam.

19. Em segundo lugar: Jesus coloca diante de nós aquilo que deve ser a razão de nossa vida, que é compartilhar de sua glória, segundo suas palavras: "E eu dei-lhes a glória que a mim me deste, para que sejam um, como nós somos um. Eu neles, e tu em mim, para que eles sejam perfeitos em unidade, e para que o mundo conheça que me enviaste, e que os tens amado a eles como me tens amado a mim" (Jo 17,22-23).

20. Qual e o que é a glória de Jesus, como Ele mesmo disse pouco antes de sua crucificação: "E agora glorifica-me tu, ó Pai, junto de ti mesmo, com aquela glória que tinha contigo antes que o mundo existisse" (Jo 17,5)?

Para que todos sejam um, assim como nós (Jo 17,11)

21. A glória de Jesus não era a sua divindade e grandeza, mas, sendo Deus, ele morreu como servo por amor aos outros, por aqueles que amava, por sua Igreja, obedecendo assim à vontade do Pai, que é sempre boa, até a morte, a morte de cruz. Esta é a glória que vem de Deus: fazer sempre a vontade de Deus Pai que nos inspira a unidade, e não a nossa própria vontade, que separa e divide; e por isso rezamos muitas vezes "Seja feita a vossa vontade", para que sejamos todos uma família, filhos de "nosso Pai que está no Céu".

22. Assim podemos deixar de ser filhos divididos neste mundo e nos tornar verdadeiramente filhos de Deus, sendo testemunhas de sua glória e tendo a dignidade de ser seus filhos, para que ouçamos sua voz: "Estes são os meus Filhos amados, nos quais me comprazo" (Mt 3,17).

23. A obediência de Jesus a seu Pai é um exemplo de como deve ser, segundo ele, a relação entre os fiéis. A natureza humana de Jesus obedeceu à natureza divina, e por isso ele tinha a unidade em si mesmo. E como Jesus obedeceu a seu Pai, e os apóstolos obedeceram a Jesus para que fossem um, nós devemos obedecer a Ele, ouvindo sua voz, para que sejamos, material e espiritualmente, um com Ele e entre nós mesmos.

24. Então nossa perfeição, nosso crescimento espiritual, nossa cura da divisão do pecado e nossa reconciliação realizam-se quando Jesus habita em nós como Ele habita no Pai, fazendo da sua vida a nossa, como disse o apóstolo Paulo: "não sou eu que vivo, mas Cristo vive em mim". Pois Ele, o Senhor Jesus, une nossas metas e razão

de ser e nossos caminhos ao dizer: "Eu sou o caminho, a verdade e a vida".

25. Assim sendo, a unidade cristã não anula nossa diversidade, ao contrário: nossa diversidade serve harmoniosamente à unidade da Igreja, como um instrumento de união com o amor divino e obediência à vontade de Deus, ao invés de nos separar com preconceitos e individualidade.

26. O Pai é a fonte da Trindade e a missão de Jesus era fazer a humanidade conhecê-lo e ser um com a Santíssima Trindade, como disse Jesus: "E eu lhes fiz conhecer o teu nome, e lhes farei conhecer mais, para que o amor com que me tens amado esteja neles, e eu neles esteja" (Jo 17,22-26).

27. O movimento ecumênico Concílio Vaticano II, com os valores cristãos que ofereceu à história: a caminhada da Igreja é equivalente à Revolução industrial nos valores que esta ofereceu para a história humana. Um dos frutos desse concílio histórico foi o movimento ecumênico, o ecumenismo, que se destina a devolver à túnica rasgada de Jesus a sua forma inconsútil e intacta como Ele mesmo quis.

28. Depois de cinquenta anos da revolução do espírito do Vaticano II, rezamos agora por outra revolução no ambiente do ecumenismo que seja o equivalente ao da revolução do mundo digital.

29. O ecumenismo não é mais uma atividade secundária nas igrejas, pois não podemos existir mais como igrejas sem um testemunho comum entre nós para enfrentar todas as adversidades, desafios e dificuldades desta época.

Para que todos sejam um, assim como nós (Jo 17,11)

30. Não podemos esconder que as posições das igrejas, muitas vezes, são diferentes no que diz respeito a questões importantes e santas de vida, como a guerra, a família, o matrimônio, a dor, as questões da bioética, os meios de comunicação, a mídia etc.

31. Como igrejas unidas, temos uma responsabilidade comum no mundo em prol da paz, da justiça, dos direitos humanos, da luta contra o terrorismo e o extremismo religioso que levam à violência para anular o próximo, e igualmente temos responsabilidade comum na preocupação pela estabilidade do Oriente Médio e com a imigração da juventude que não encontra nenhum futuro em seus países de origem.

32. O ateísmo desta época de consumismo não é mais negar a existência de Deus, isso já passou há muito tempo. A indiferença e o conforto são os deuses do ateísmo contemporâneo. A confissão da existência de Deus, sem sentir sua necessidade para nossa vida, sem perceber que Sua existência é nossa vida, significa eliminar Deus de maneira indireta. O novo epicurismo no Cristianismo, ou seja, a tendência à indiferença aos grandes valores morais e espirituais, com a busca dos prazeres, é seu câncer, como se estivéssemos rezando da seguinte forma: "Pai nosso que estais no Céu, permanecei onde estais e deixai-nos livres aqui na terra". Nisso penso que a Igreja tem responsabilidade, pois deveríamos apresentar e ser como um ícone, imagem santa da Igreja unida que inspire a todos o "Espírito da verdade", ao invés de estarmos voltados para nossas diferenças internas, nos esquecendo de que somos o "sal da terra". Jesus, em sua oração, disse: "Para

que todos sejam um", e em seguida acrescentou: "para que o mundo creia..." (Jo 17,21). Então devemos mudar as pessoas, os cristãos, transformando seres humanos indiferentes em embaixadores de Jesus Cristo.

33. Deve-se impulsionar mais o ecumenismo, pois ele tornou-se uma necessidade pastoral, além de ser um dever eclesiástico que toca diretamente a fé do rebanho de Deus.

34. Hoje, após mais de 2000 anos do nascimento de Jesus Cristo, creio que, depois do primeiro milênio de unidade e o segundo de divisões, o terceiro milênio deve se constituir no melhor tempo para revisar a história e procurar a unidade na diversidade.

35. O diálogo ecumênico, nos últimos cinquenta anos, realizou um milagre, acrescentou e ofereceu muitos benefícios em nível teológico e pastoral. Nossa responsabilidade é impulsioná-lo para que se estenda mais e se aprofunde para enfrentar os desafios de nossa era, como aconteceu em seu princípio em tempos passados.

36. Não estamos esperando para breve uma unidade plena; o caminho ainda é muito longo e complexo, mas podemos dar alguns passos a mais no diálogo. Devemos elevar o nível de nossos sonhos e ideias nesse sentido, mesmo que não consigamos realizá-los todos e completamente.

37. Algumas características do diálogo ecumênico:

- Devemos confessar que nossas crenças não desceram todas dos Céus, e não foram extraídas todas da Bíblia, mas algumas são frutos do pensamento humano em

Para que todos sejam um, assim como nós (Jo 17,11)

sua tentativa de expressar a divina economia e revelação (*Apokálipsis*) de Deus. Esta tentativa passou por muitas culturas, políticas e circunstâncias humanas até sua última redação. Isto nos obriga a ouvir todas as redações da fé no diálogo e aceitá-las, desde que elas não prejudiquem a reta fé e a salvação dos homens.

- A verdade não é propriedade de alguma Igreja. A Verdade é uma missão e uma vida, e não algumas elaborações dogmáticas.

- Devemos distinguir entre a única Tradição e as tradições das igrejas. A única Tradição é a verdade que nós recebemos o Espírito Santo para que trabalhe em nossas vidas para vivermos em Jesus Cristo. As tradições são aquelas que expressam de forma diferente esta única tradição e devemos aceitar a existência de várias delas, assim como temos quatro evangelhos que falam de uma única verdade, "Jesus Cristo", e juntando os quatro adquirimos uma imagem mais clara e perfeita.

- Ouvir o outro não a partir de nossas crenças, mas a partir das dele. Ver o outro como ele é, e não como nós queremos que ele seja.

- Não podemos falar em diálogo ecumênico se não houver nenhum sinal de respeito entre as igrejas, como, por exemplo, com o proselitismo.

- Não devemos desconsiderar nossas diferenças, mas dialogar sobre elas ouvindo o ponto de vista de cada Igreja, pois muitas vezes as diferenças não são dogmáticas, mas históricas.

38. Finalmente:

- A Igreja do Oriente é chamada de "Ortodoxa", uma palavra que, na etimologia grega, significa "Reta Doutrina", isto é, "Crer retamente".

- A Igreja do Ocidente é conhecida como "Católica", o que, segundo a mesma etimologia, significa "universal – abrangente" – "que abraça toda a verdade".

- E Protestantismo deriva de "protestar", com a ideia de ter ou vivenciar a mudança para se ter um futuro melhor, com valores mais corretos.

- Assim, se juntarmos todas essas terminologias, desembocaremos no sentido lógico de reconciliação eclesial: uma Igreja com doutrina reta, que abrange e abraça tudo e todos, vivenciando a mudança para um futuro próspero. Amém.

5º Capítulo

Encontro inter-religioso
Através das experiências da Monja Coen Roshi, da Ordem Soto Zen Shu

Monja Coen Roshi[*]

1. O diálogo entre religiosos de diversas tradições espirituais é um dos sustentáculos para a construção de uma Cultura de Paz, Justiça e Cura da Terra.

2. Minha formação monástica teve início nos finais dos anos 1970, no Zen Center de Los Angeles, Templo Busshinji, sob orientação do Primaz Fundador Hakuyu Koun Taizan Maezumi Roshi, falecido em 1995.

3. Enquanto eu me preparava para receber os votos monásticos, fomos visitados por um Padre do Deserto.

---

[*] Missionária oficial da tradição religiosa Zen Budista conhecida como Soto Shu, com sede no Japão. Teve sua formação inicial em Los Angeles, na Califórnia, e completou o mestrado no Mosteiro Feminino de Nagoya, Japão, onde residiu como noviça e monja oficial por doze anos. Com 36 anos de vida monástica, e 23 anos de seu retorno ao Brasil como religiosa, é representante oficial da Ordem Soto Shu. Autora de vários livros.

4. Ele havia conseguido uma licença especial para passar algumas semanas em nossa comunidade.

5. Foi muito inspirador conhecer as práticas dos padres e madres do deserto, e ele viera a fim de se aprofundar nas práticas meditativas do Zen Budismo.

6. Mais tarde, recebemos jesuítas, franciscanos e trapistas, que vinham participar de nossos retiros Zen.

7. Meu professor, o Monge Fundador da nossa comunidade em Los Angeles, Maezumi Roshi, era convidado a orientar, de tempos em tempos, retiros Zen em mosteiros trapistas nos Estados Unidos. Como eram mosteiros masculinos, nunca cheguei a acompanhá-lo. Nosso professor retornava nos trazendo a riqueza e a importância desses encontros. Sementes da inter-religiosidade a serem regadas no futuro.

8. Todos os anos fazemos em nossos mosteiros um retiro de oito dias, no qual celebramos de 1 a 8 de dezembro a Iluminação de Buda. Foi em um desses retiros, em Los Angeles, onde tive a minha primeira e fascinante experiência leiga na inter-religiosidade.

9. O retiro de dezembro é considerado em nossa ordem Soto Shu como o mais importante. Segundo pesquisadores da Universidade de Komazawa, em Toquio – Universidade da Ordem Soto Shu –, o fundador histórico do Budismo, na Índia, há aproximadamente 2600 anos, Xaquiamuni Buda, teria tido sua experiência mística ao sentar em meditação por sete dias e sete noites, no que seria hoje a primeira semana de dezembro. Na manhã do oitavo dia, ao ver a estrela da manhã, conseguiu superar

a ruptura da dualidade (as tentações diabólicas) e experimentar a unidade: "Eu e a Grande Terra e Todos os Seres, juntos, simultaneamente, nos tornamos o Caminho".

10. Essa foi a frase que teria dito nesse momento, demonstrando sua compreensão da inseparabilidade de tudo que existe, foi e será.

11. Por isso, para nós Zen Budistas, esse retiro anual de uma semana é o mais importante para praticantes de Zazen (meditação sentada).

12. Nessa época – início dos anos 1980 – eu me tornara residente no Zen Center de Los Angeles, com a aspiração de me aprofundar nas práticas meditativas. Meus aposentos ficavam no andar superior da sala de meditação, e recebi como companheira de quarto para aquele período uma senhora católica mexicana.

13. Durante os sete dias e sete noites que compartilhamos do mesmo quarto, mantivemos o silêncio exigido. Nem mesmo nos olhávamos, mantendo os olhos baixos.

14. Naquela época eu criara para mim mesma (isso não era prática do grupo) a prática de fazer 108 reverências várias vezes ao dia, agradecendo a todos os Budas e Ancestrais da linhagem.

15. A senhora católica, mexicana, nesses momentos, rezava o terço. Nosso aposento era bem pequeno e simples. Dois colchonetes no chão, lado a lado, e uma cadeira apenas. Ela se sentava na cadeira e eu fazia minhas prostrações completas.

16. Isso três vezes ao dia – antes do amanhecer, antes do almoço e antes de dormir.

Através das experiências da Monja Coen Roshi

17. Ao final do retiro, quando nos era permitido conversar, ela relatou o seguinte: "Meu filho me deu de presente de Natal este retiro aqui em Los Angeles. Foi muito difícil para mim. Meu corpo, depois do segundo, terceiro dia, doía muito e eu estava quase desistindo. Então, me lembrei de Jesus. Ele sofrera tanto por nós. E eu estava ali, reclamando de uma dor nas costas, dor nas pernas. Nesse momento, tudo se transformou. A dor continuava, mas não me importava mais e pude terminar o retiro me sentindo abençoada por Jesus e por Buda".

18. Essa senhora, antes de voltar para o México, sabendo que eu me preparava para ser monja e precisaria comprar tecidos para costurar meus hábitos, fez questão de me fazer uma doação em dinheiro.

19. Foi com essa doação que comprei os tecidos para coser meus hábitos monásticos. Acredito que minha vida religiosa já se iniciou através desse diálogo inter-religioso.

20. Anos mais tarde, quando já estava terminando meus oito anos de monastério no Japão, recebemos um grupo de monjas beneditinas, da Bélgica, para uma temporada em nosso mosteiro.

21. Nossa superiora, Aoyama Shundo Docho Roshi, estivera no Primeiro Encontro de Assis e fizera amizade com algumas monjas beneditinas.

22. Já havia algum tempo que monges e monjas beneditinas vinham aos mosteiros Zen japoneses, construindo esse diálogo.

23. Como eu falava inglês e um pouco de francês, nossa superiora me colocou à disposição das monjas beneditinas. Cada uma delas se vestia de forma diferente:

desde as de hábitos tradicionais completos até as de roupas comuns. Suas funções como missionárias, professoras ou enclausuradas assim o exigiam.

24. Ficamos amigas. Comemos juntas, praticamos meditação juntas, trabalhamos juntas. Passeamos juntas pelos parques de Nagoia, e me alegrei com a alegria das monjas ao beber um copo de Coca-Cola à sombra das árvores japonesas. A felicidade pode ser tão simples.

25. Trocamos informações sobre disciplina monástica e ganhei o livro das Regras de São Bento, que também me inspiram na formação de seres humanos amorosos e sábios. Aos domingos, as monjas beneditinas estranhavam ter de trabalhar. Rotina dos mosteiros Zen.

26. Para as compensar, pois no mosteiro fazemos o que todas fazem, nossa superiora convidava um dos padres da Universidade de Nanzan que viesse oficiar a missa. Então, assistíamos à missa cantada, pelas vozes mais doces e afinadas que jamais havíamos ouvido. As faces das monjas enrubesciam de alegria e amor. Não havia nenhuma monja com menos de 20 anos de vida monástica.

27. O encontro inter-religioso não deve ser entre noviças, mas entre pessoas experientes e fortes em suas tradições. Nós, noviças do Zen, pudemos crescer e apreciar esses momentos, com a orientação e o exemplo de tantas monásticas mais antigas.

28. No ano seguinte, nossa Abadessa, Aoyama Shundo Docho Roshi, foi passar um mês em um dos mosteiros beneditinos da Bélgica. Levou de presente os apetrechos para a Cerimônia de Chá, que ensinou às monásticas belgas.

Através das experiências da Monja Coen Roshi

29. Elas já tinham uma sala de Zazen montada, pois haviam aprendido a prática Zen de meditação com o Padre La Salle.

30. Quando nossa Abadessa voltou, compartilhou de sua experiência que tanto a inspirara. Por exemplo: lá na Bélgica nem mesmo os hábitos monásticos pertenciam às monjas – tudo era do mosteiro. Diferente para nós, onde os mosteiros são na verdade conventos ou centros de formação monástica. Depois da formação, algumas monjas se tornam professoras de mosteiros, mas a grande maioria vai trabalhar em templos locais, atendendo a população próxima.

31. Assim, nossos hábitos nos pertencem. Cabe a cada uma de nós costurar, lavar, passar e manter em ordem nossos objetos de uso pessoal, que serão levados conosco ao sairmos do treinamento e nos fixarmos em algum templo ou mosteiro.

32. Depois de doze anos, no Japão, retornei ao Brasil, para servir no templo sede de nossa ordem Soto Shu para a América Latina.

33. Pouco tempo depois de meu retorno e início de trabalhos no Templo Busshinji, no bairro da Liberdade, em São Paulo – lá pelos idos de 1995-1996 –, recebi a visita do Cônego José Bizon (naquela época era o Padre José Bizon), responsável pela Casa de Reconciliação da Arquidiocese de São Paulo.

34. Cônego Bizon viera em companhia de uma religiosa e conversamos em torno de uma chávena de chá verde. Ele me contou que o primeiro arcebispo da Soto

Shu no Brasil, Reverendo Ryohan Shingu Sookan Roshi, já falecido, participara dos encontros inter-religiosos da Arquidiocese de São Paulo. Cônego Bizon viera me convidar a participar de uma celebração inter-religiosa. Assim se iniciou um diálogo precioso que continuamos mantendo até hoje.

35. Estive várias vezes participando com outros religiosos na Catedral de São Paulo e uma vez estivemos na lotada igreja da Consolação, quando a Catedral estava em reformas. Nessa ocasião fiquei feliz em levar minha mãe, Católica Apostólica Romana praticante, para que pudesse sentir a importância de religiosos, das mais diversas tradições, nos sentarmos lado a lado e orarmos pela paz e harmonia entre os povos.

36. Babalorixás, Pastores, Mães de Santo, Rabinos, Vedantas, Sheikhs, Espíritas, Pajés, Padres, Monges e Monjas. Unidos e nos respeitando em nossa diversidade, por um bem comum e maior do que nós mesmos.

37. Alguns anos depois fui convidada pela Professora Lia Diskin, cofundadora da Associação Palas Athena de Estudos Filosóficos, a participar de um encontro inter-religioso em Itatiaia.

38. Foram muitas pessoas – mais de cem –, professores de ensino religioso, leigos, leigas e líderes espirituais, monásticos, pajés, e toda a diversidade de manifestações espirituais brasileiras. Havia pessoas de vários estados e durante vários dias nos reunimos e refletimos juntos sobre a importância de assinarmos uma carta compromisso inter-religiosa com a URI (United Religions Iniciative) – Iniciativa das Religiões Unidas.

Através das experiências da Monja Coen Roshi

39. Depois desse primeiro encontro, onde rimos e cantamos, oramos e choramos, dançamos e refletimos, meditamos e nos comprometemos a outros reencontros, inúmeras vezes estivemos juntos, até estabelecermos um Círculo de Cooperação Inter-religiosa em São Paulo, ligado à URI.

40. Participei, por anos, da formação e pelo desenvolvimento desse Círculo. Fui conhecendo e me familiarizando com outras práticas espirituais. Aprendemos a nos respeitar e nunca a tentar convencer os outros de nossas crenças e práticas.

41. Assinamos nosso compromisso com a URI, no solo Sagrado de Guarapiranga, sede da Igreja Messiânica em São Paulo.

42. E caíram as torres gêmeas de Nova York. No dia que antecedeu minha ida à Faculdade de Juiz de Fora, a convite do Professor Doutor Faustino Teixeira. Eu estava indo para falar sobre o Zen Budismo.

43. Senti-me fracassada. Parecia inútil nossos esforços para a construção de uma cultura de paz. Entretanto, o encontro com o Professor Faustino e seus alunos-discípulos de Ciências da Religião me fizeram retornar o vigor. Mais e mais precisamos nos esforçar e praticar a paz e a não violência ativa.

44. Voltando a São Paulo tivemos um encontro de poucos na Associação Palas Athena. Era necessário escrever uma carta de repúdio à violência e o respeito à diversidade religiosa. Mãe Sandra de Iemanjá lembrou-se do Fórum Permanente das Religiões de Matriz Africana. Deveríamos ter algo semelhante.

45. De várias sugestões e encontros com então deputados, não só escrevemos a carta a ser lida na Assembleia Legislativa de São Paulo como também nossos encontros nos levaram a criar um órgão, dentro da Assembleia, para desenvolver políticas públicas baseadas nos princípios da não violência ativa e no respeito à diversidade.

46. Continuamos nos encontrando tanto na Assembleia Legislativa como nos visitando mutuamente para compreendermos melhor a diversidade de crenças.

47. Eram tantas as solicitações, e minha comunidade, que havia se formado em 2001, numa pequena casinha próxima do Hospital das Clínicas, necessitava mais e mais da minha presença.

48. Fui aos poucos me distanciando dos encontros inter-religiosos da Alesp, mas mantive o relacionamento com a Casa da Reconciliação e sempre que possível atendendo aos encontros na Catedral.

49. Participei algumas vezes – através do Departamento de Teologia da PUC de São Paulo – dando depoimentos sobre o Zen Budismo em aulas ou fóruns.

50. Também tenho participado, sempre que convidada, na Casa de Reconciliação da Arquidiocese de São Paulo. Já estive e, quando posso, participo de programas de rádio, televisão e aulas de Zen Budismo em centros espíritas, casas de umbanda, candomblé, igrejas, templos, várias sinagogas e na Congregação Israelita Paulista.

51. Paralelamente, desde a década de 1950, foi criada a Federação das Seitas Budistas do Brasil. Ela congrega budistas de tradição originária do Japão. Em 1996 fui nomeada Presidenta da Federação das Seitas Budistas do

Brasil e pude conhecer, participar de várias festividades e encontros com os outros grupos budistas que existem no Brasil.

52. Estive nas várias visitas ao Brasil de Sua Santidade, o XIV Dalai Lama. Participei da inauguração do Templo Zulai, em Cotia, e facilitei estudos científicos sobre os efeitos de cinco dias de retiro meditativo na mente humana.

53. Acredito na importância de mantermos vivo esse diálogo e incentivo meus discípulos e discípulas a ouvir, compreender e participar do encontro inter-religioso – caminho do respeito à diversidade e da paz mundial.

54. Não acredito em uma única forma de expressão religiosa do ser humano, mas no resgate das várias formas de espiritualidade.

Que todos os seres se beneficiem!

6º Capítulo

Religiões brasileiras afrodiaspóricas e diálogo inter-religioso

Ronilda Iyakemi Ribeiro[*]

1. Tendo por tema central o diálogo inter-religioso e seu cultivo, com vistas à promoção da Justiça e da Paz, este texto foi organizado em sessões: Religiões praticadas no Brasil; Religiões brasileiras afrodiaspóricas (de matrizes africanas); Religião tradicional Iorubá no cenário das religiões africanas e afrodiaspóricas; Diálogo inter-religioso; Fatores pessoais que favorecem, dificultam ou impedem o diálogo; e Religiões brasileiras afrodiaspóricas e diálogo inter-religioso.

---

[*] Ialorixá da Religião Tradicional Iorubá; professora sênior do Instituto de Psicologia da Universidade de São Paulo; pesquisadora do Instituto de Ciências Humanas da Universidade Paulista.

Religiões praticadas no Brasil

2. O Censo do Instituto Brasileiro de Geografia e Estatística (IBGE), realizado em 2010, classifica as religiões praticadas no Brasil em 21 categorias: (1) Católica; (2) Evangélica; (3) Outras cristãs; (4) Outras religiosidades cristãs; (5) Espiritualista; (6) Espírita; (7) Umbanda; (8) Candomblé; (9) Outras declarações de religiosidades afro-brasileiras; (10) Judaísmo; (11) Hinduísmo; (12) Budismo; (13) Novas religiões orientais; (14) Outras religiões orientais; (15) Islamismo; (16) Tradições esotéricas; (17) Tradições indígenas; (18) Outras religiosidades; (19) Sem religião; (20) Não determinada; e (21) Múltiplo pertencimento.

3. Segundo o Censo de 2000, havia em nosso país 73,6% de católicos, 15,4% de evangélicos e 7,3% de pessoas autodeclaradas sem religião. O Censo de 2010 evidenciou redução de católicos (64,6%) e aumento de evangélicos (22,2%). Em números absolutos, esses percentuais indicam o crescimento da adesão evangélica de 26,2 para 42,3 milhões. Os autodeclarados sem religião passaram de 7,4% para 8%. Quanto ao segmento de adeptos da Umbanda e do Candomblé, parece não ter sofrido alterações (0,3%). Observando esses dados, contatamos que a população brasileira é majoritariamente cristã. Observamos também que somente dados das religiões evangélicas informam sobre percentuais de adesão a distintas denominações dessa prática cristã.

4. O Catolicismo, herança da colonização portuguesa, foi a religião oficial do Brasil até a Constituição Republicana de 1891, ocasião em que foi instituído o

Estado laico. A escravidão africana traria para o Brasil práticas religiosas que, adotando novas formas, deram origem às diversas religiões de matrizes africanas. Esse panorama foi enriquecido na segunda metade do século XIX pela divulgação do Espiritismo de Allan Kardec e pela inclusão – ainda não registrada pelo Censo – da Religião Tradicional Iorubá, praticada entre nós desde a década de 1980.

Religiões brasileiras afrodiaspóricas (de matrizes africanas)

5. Os primeiros africanos escravizados foram introduzidos no Novo Mundo em 1502 e, no Brasil, em 1549. No período compreendido entre 1551 e 1850, o abundante tráfico de escravos conduziu o Brasil ao primeiro posto na importação de grupos étnicos africanos. Fonseca Junior[1] confirma o fato de haver sido numeroso o grupo de etnias africanas trazidas para o nosso país, algumas de expressiva presença na formação *étnica,* social e cultural do povo brasileiro. Embora o rol de grupos *étnicos* (cerca de 100!) apresentado por esse autor demande uma apreciação mais cuidadosa por apresentar redundâncias e alguns equívocos nos critérios de classificação das etnias, ainda assim mostra-se bastante *útil* ao propósito de ilustrar a multiplicidade cultural e religiosa africana herdada pelo Brasil.

---

[1] FONSECA JUNIOR, 2004.

6. O tráfico de negros durou, oficialmente, três séculos e clandestinamente, mais meio século. É difícil avaliar o número total de escravos. As estimativas variam enormemente: a Enciclopédia Católica fala de 12 milhões, outras fontes referem-se a 50 milhões.[2]

7. Ao nos darmos conta de que sete em cada dez dias dos 518 anos da história do Brasil foram vividos sob regime de escravidão, podemos ter uma ideia mais precisa da participação de africanos em nossa constituição sociocultural. Ao traçar uma geografia das religiões africanas em nosso país, Bastide[3] identificara duas grandes vertentes – a que deu origem aos *candomblés* e *xangôs* e outra, que deu origem aos *candomblés de caboclo* e *de angola*. Artur Ramos, citado por Bastide,[4] informa haverem sido trazidas para a América Portuguesa as seguintes civilizações: (1) sudanesas, especialmente representadas pelos iorubás, ewe, fon, fanti-axanti (mina), krumanus, agni, zema e timini; (2) islamizadas, especialmente representadas por peuls, mandingas, haussa, tapa, bornu, gurunsi; (3) bantu do grupo angola-congolês, representadas por ambundas (cassangues, bangalas, dembos) de Angola, congos ou cambindas do Zaire e benguelas e (4) bantu da Contra-Costa, representadas por moçambiques (macuas e angicos). No contexto urbano, elementos dessas religiões, então sujeitos a influências do Catolicismo e do Espiritismo de Allan Kardec, deram surgimento à Umbanda.

---

[2] VERGER, 1968, p. 68.

[3] BASTIDE, 1971.

[4] Ibid., p. 67.

8. Associadas às duas grandes vertentes mencionadas por Bastide, ou delas derivadas, há uma grande variedade de práticas religiosas, das quais mencionamos apenas algumas: Babaçuê (Pará), Batuque (Rio Grande do Sul), Cabula (Espírito Santo, Minas Gerais, Rio de Janeiro e Santa Catarina), Candomblé (todos os estados), Culto a Egungun (Bahia, Rio de Janeiro e São Paulo), Culto a Ifá (Bahia, Rio de Janeiro e São Paulo), Encantaria (Piauí e Maranhão), Omolokô (Rio de Janeiro, Minas Gerais e São Paulo), Quimbanda (Rio de Janeiro e São Paulo), Tambor-de-Mina (Maranhão); Terecô (Maranhão), Umbanda (diversos estados), Umbandaime, Xambá (Alagoas e Pernambuco), Xangô (Pernambuco). Conforme mencionado, nas últimas três décadas incluiu-se nesse cenário a Religião Tradicional Iorubá, também conhecida como Religião de Ifá, ou Ifaísmo, considerada integrante do movimento de reafricanização de práticas religiosas de matriz iorubá. A denominação Religião de Ifá (ou Ifaísmo) adotada no Brasil deve-se ao fato de ser o *Corpus* literário de Ifá, o livro sagrado dessa tradição religiosa, um imenso reservatório de narrativas da tradição oral desse grupo étnico, cujo território inclui parte da Nigéria, do Togo e da República do Benin (África Ocidental).

9. Se, de cada dez dias de história do Brasil, sete foram vividos sob regime de escravidão e se durante esse período cerca de cem grupos étnicos africanos foram trazidos ao Brasil, podemos perguntar se não é de estranhar o índice registrado pelo Censo: somente 0,3% de praticantes dessas religiões?! Certamente é preciso relativizar tais dados censitários por diversos motivos: além do sincretismo

religioso, dos numerosos casos de múltipla pertença religiosa e do intenso e contínuo trânsito inter-religioso, há ainda o mascaramento de identidades étnico-religiosas não brancas, dada a inegável força do racismo.

Religião tradicional Iorubá no cenário das religiões africanas e afrodiaspóricas

10. Para melhor entendimento do porte teológico da matriz iorubá de religiões afrodiaspóricas, convém discorrer brevemente sobre essa matriz integrante do conjunto de religiões tradicionais africanas. Awolalu (1976), no artigo *What is African Traditional Religion?*, afirma ser a religião o principal fator na vida da maioria dos africanos. Incluída em todos os aspectos de seu cotidiano, não pode ser compreendida fora do contexto existencial desses indivíduos. Falar de Religião Tradicional Africana (RTA) significa reportar-se a concepções, crenças e práticas diárias dos africanos, cujas formas variam em padrão e intensidade. Embora muitos africanos tenham adotado práticas muçulmanas e cristãs, entre outras, nem todos abandonaram suas convicções e práticas tradicionais.

11. A palavra "tradicional" remete ao significado de nativo, autóctone, "de fundamento". Refere-se a conhecimentos transmitidos oralmente de geração em geração, preservados e praticados por africanos no presente. Essa herança do passado não é considerada "coisa do passado", mas sim elo do passado com o presente e destes com a eternidade. Awolalu alerta ao fato de as religiões

tradicionais não serem fósseis: são vivas, pulsantes. Evidentemente a RTA, exposta a múltiplas influências da vida moderna, não permanece imutável, apesar de alguns adeptos, mais conservadores que outros, resistirem à influência de modernismos trazidos e impostos pela colonização.

12. Awolalu escolhe deliberadamente o uso do termo "religião tradicional africana" no singular, porque, a despeito das muitas diferenças observáveis no continente africano, tão amplo, com sua imensa quantidade de grupos étnicos, de culturas complexas e idiomas distintos, há semelhanças básicas entre os sistemas religiosos: todos concebem um cenário espiritual habitado pelo Ser Supremo, divindades e ancestrais divinizados. E, embora cada localidade cultue suas divindades, realize festivais e rituais religiosos específicos e tenha designativos próprios para o Ser Supremo, o mesmo padrão religioso é compartilhado por todos os sistemas.

13. Baseada principalmente na transmissão oral, a RTA não possui fundadores nem reformadores, não é organizada em torno de um único herói, não possui missionários, nem realiza proselitismos. E embora venha sendo considerada por muitos como politeísta, de fato não o é. O *status* do Ser Supremo é distinto do *status* das divindades, cuja origem pode ser descrita, cujos atributos podem ser representados simbolicamente, cujo poder é limitado e cuja existência é devida ao Ser Supremo, o Único. Mbiti,[5] referindo-se aos bacongo, diz que esse

---

[5] MBITI, 1970, apud AWOLALU, 1976.

grupo étnico descreve de modo muito simples a existência do Ser Supremo, ao dizerem: "Ele não foi criado por outro, não houve outro antes d'Ele". E essa condição é exclusiva do Criador.

14. Fragmentos da Religião Tradicional Iorubá foram trazidos ao Brasil durante séculos da afrodiáspora forçada pela escravidão. Atualmente, durante a afrodiáspora livre, mostra-se possível sistematizar e divulgar tanto a teologia iorubá quanto as práticas litúrgicas a ela relacionadas. Segundo é de meu conhecimento, papel de destaque na realização dessa tarefa vem sendo desempenhado pelo Oduduwa Templo dos Orixás, situado no município litorâneo de Mongaguá (SP), que em 2018 completa 30 anos de existência em nosso país. Tendo se constituído em espaço de aprendizagem e de diálogo entre vertentes religiosas que compartilham ensinamentos da matriz ioruba ou outras, que compartilham ensinamentos de outras matrizes africanas, esse templo é um bom exemplo de criadouros de sementes de justiça e paz.

15. Sem dificuldade é possível constatar que a intolerância religiosa pode ocorrer também entre vertentes de uma mesma religião, sendo necessários espaços de diálogo no âmbito de uma mesma religião. O diálogo entre religiões ou entre vertentes de dada religião é realizado pela voz de lideranças e adeptos das diversas expressões de religiosidade, que atuam como porta-vozes de seus grupos de pertença.

16. Uma vez desenhado o cenário das religiões brasileiras afrodiaspóricas, consideremos, agora, particularidades do diálogo inter-religioso.

Diálogo inter-religioso

17. O diálogo, tão necessário entre religiões e crenças e entre vertentes de uma mesma religião, também se faz necessário na interioridade de cada integrante de um coletivo. Certamente esses três âmbitos de diálogo não são estanques: interagem, seja de modo dialógico ou dialético, seja de modo dilemático. A dinâmica estabelecida em cada um desses âmbitos se reflete nos demais, havendo variações de indivíduo para indivíduo, dependendo, principalmente, de condições pessoais para estabelecer relações dialógicas e dialéticas, tanto no âmbito intrassubjetivo quanto no âmbito de relações interpessoais. Pichón-Riviére,[6] etnopsiquiatra argentino, ao diferenciar relações dialéticas de relações dilemáticas refere-se ao fato de haver pessoas incapazes de estabelecer relações dialógicas e dialéticas, sendo capazes somente de estabelecer relações dilemáticas. Temos bons exemplos disso nos fundamentalistas, empedernidos nas próprias crenças.

18. No dizer de Pichón-Rivière, o diálogo exige conhecimento do próprio ECRO[7] e disponibilidade para conhecer – sem juízo de valor – os ECROs dos interlocutores. Fácil falar, difícil realizar. Não é à toa que Teixeira[8] dá ao artigo em que aborda essa temática o título "Diálogo inter-religioso: o desafio da acolhida da diferença". Sim. Dispor-se

---

[6] PICHÓN-RIVIÈRE, 1977.

[7] ECRO – Esquema Conceitual Referencial Operativo: esquema de conceitos sobre si e sobre o entorno, que servem de referência para a adoção de posicionamentos e para as ações.

[8] TEIXEIRA, 2002.

Religiões brasileiras afrodiaspóricas e diálogo inter-religioso

a dialogar – sobre religião ou outro tema qualquer – é dispor-se a enfrentar desafios, dos quais os mais difíceis talvez sejam o de acolher o diferente e de deixar-se transformar. Como cada interlocutor possui ECRO próprio, durante o confronto interpessoal é estabelecido um jogo entre ECROs distintos, ainda que não necessariamente contraditórios. Durante a relação de alteridade podem ocorrer mudanças nos ECROs dos envolvidos e também em suas identidades.

19. Teixeira,[9] ao abordar o tema *diálogo inter-religioso*, cita um versículo do Profeta Isaías: "Alarga o espaço da tua tenda, estende as cortinas das tuas moradas [...], alonga as cordas, reforça as estacas" (Is 54,2).

20. Essa metáfora reúne os requisitos indispensáveis para a realização de um diálogo autêntico: afirmação da própria identidade (*reforça as estacas*), abertura ao diferente (*estende as cortinas das tuas moradas e alonga as cordas*) e disposição para a acolhida (*alarga o espaço da tua tenda*). Todo diálogo exige compromisso com a própria convicção e exige, simultaneamente, disponibilidade para transformar-se; posturas indispensáveis ao exercício da escuta acolhedora e da dádiva.

21. Tanto assim que esse autor inclui a reciprocidade existencial e o intercâmbio de dons entre os requisitos indispensáveis à realização do diálogo. O diálogo autêntico supõe um encontro humano marcado pela dinâmica da alteridade, envolve semelhanças e diferenças e inclui metamorfoses identitárias entre os riscos possíveis. Durante

---

[9]   Ibid.

o verdadeiro diálogo, permanecemos disponíveis para a mútua transformação e convivemos com as inquietações próprias desse processo.

22. O pluralismo desestabiliza e ameaça romper o esquema cognitivo já instalado. Dispor-se ao diálogo implica conviver com o diverso. Teixeira oferece algumas pistas para a realização de um bom diálogo: humildade, abertura ao valor da alteridade, fidelidade à própria tradição, disposição para a busca compartilhada da verdade e ecumene da compaixão.

23. Gosto do modo como Mia Couto aborda essa questão: "A vida tem fome de fronteiras", diz. Recorrendo a metáforas proporcionadas pela natureza, lembra que as membranas orgânicas, entidades vivas e permeáveis, delimitam e negociam, possibilitando trocas entre o de dentro e o de fora. E propõe que essa imagem inspire a criação de fronteiras permeáveis que sejam varandas propiciadoras de vizinhanças. Outro aspecto assinalado por esse escritor africano é o da felicidade advinda da constatação de ser possível colocar em diálogo as múltiplas identidades que constituem nossa unidade identitária. Mia Couto propõe a construção de pontes em vez de fortalezas e de fronteiras permeáveis que, como varandas, convidem à vizinhança. Propõe que ultrapassemos fronteiras interiores: viajemos, nos percamos de nós mesmos, nos reencontremos em outras pessoas e, para os que aspiram pelo Sagrado, O encontrem.

24. Para estabelecer um bom diálogo é indispensável "pôr pra conversar" os eus que compõem o coletivo que nos constitui como indivíduos (aparentemente únicos), esse coletivo intrapessoal cuja convivência entre partes nem

sempre é saudável. Dispor-se a dialogar não é simples, porque o pluralismo se faz acompanhar de dissonância cognitiva, desconforto psíquico, sentimento de insegurança.

25. Havendo forte interação entre os âmbitos intra e intersubjetivo, cada conquista em um desses âmbitos aumenta as chances de sucesso nos demais. O que significa isso? Significa que a possibilidade de estabelecermos relações dialógicas e dialéticas com praticantes de religiões distintas da nossa, ou com praticantes de vertentes distintas da nossa no âmbito da nossa religião, depende em grande parte da possibilidade pessoal de colocar em diálogo "as pessoas de nossa pessoa". Consistência e congruência pessoais favorecem, e muito, o diálogo que se pretende estabelecer. Na contramão, boas experiências de diálogo inter-religioso favorecem diálogos subjetivos.

26. Considerando a importância dos fatores pessoais nas relações interpessoais e nos coletivos criados para abrigo do diálogo, convém que nos detenhamos na consideração desses fatores.

Interferência de fatores pessoais em coletivos destinados ao diálogo

Coletivos de diálogo

27. Em estudo recentemente concluído,[10] procurei identificar características de coletivos que abrigam diálogos entre diferentes. Tais coletivos, caracterizáveis como redes de organizações e/ou de movimentos sociais, reúnem indivíduos

---

[10] RIBEIRO, 2018.

que, em sua maioria, desempenham, simultaneamente, as funções de nodo e de elo – nodo de determinado coletivo e elo entre esse coletivo e outros. Os coletivos, como os indivíduos, são mortais, e é preciso que sua memória seja preservada.

28. No caso de indivíduos que participam de determinado coletivo na condição de representantes de outros coletivos, por ocasião do encerramento ou da interrupção das atividades desse coletivo, carregam em si parte da memória de grupo. Armazenada em arquivos mnemônicos individuais, tal memória, quando associada ao anseio por dialogar, anseio, aliás, que dificilmente arrefece, gerará um impulso irresistível de estabelecer novas relações de diálogo em espaço propício. Assim, ao ser extinto um coletivo ou ao serem suspensas as suas atividades, os indivíduos que o compunham, especialmente as lideranças, constroem novos coletivos ou se inserem em outros que perseguem metas semelhantes.

29. Entre os coletivos paulistanos destinados a oferecer espaço de diálogo inter-religioso e intercrenças para cultivo de sementes de justiça e paz, incluem-se o Fórum Inter-religioso para uma Cultura de Paz e Liberdade de Crença, sediado na Secretaria da Justiça e da Defesa da Cidadania do Estado de São Paulo, e o coletivo Coalizão Inter-fé em Saúde e Espiritualidade, sediado na Casa da Reconciliação.

Fatores pessoais que favorecem, dificultam ou impedem o diálogo

30. De modo geral, há nos coletivos indivíduos incapazes de dialogar, seja por por dificuldade ou impossi-

Religiões brasileiras afrodiaspóricas e diálogo inter-religioso

bilidade de estabelecer relações dialéticas e dialógicas, seja por sua tendência a estabelecer relações dilemáticas. Diante dos desafios impostos pelo diálogo inter-religioso, indivíduos com tais características tendem a ser "naturalmente" excluídos do grupo. Caso isso não ocorra, sua permanência comprometerá a coesão grupal, o que aumentará as chances de promoverem "rachaduras", rupturas de vínculos, enfraquecimento de ânimos e até mesmo a falência do grupo.

31. Sendo assim relevante o fator individual na composição dos coletivos, pode-se concluir que o cultivo do diálogo em determinado grupo depende em boa parte da condição psicológica de seus componentes e de sua disposição para dialogar e para construir em bloco, solidariamente.

32. Lembrando o provérbio africano "são muitas as pessoas da pessoa", e observando nossa própria subjetividade, constatamos que o diálogo e o cultivo de disposição para o diálogo interpessoal exigem disposição para outro diálogo – aquele que deve ocorrer em nossa própria subjetividade.

33. Uma pessoa que tenha, por exemplo, dupla ou múltipla pertença religiosa, o que não é raro no Brasil, precisará que esses corpos de crença dialoguem satisfatoriamente entre si. Essa necessidade é óbvia. Ao considerarmos que os fatores da dinâmica psicológica intrassubjetiva interagem continuamente com fatores de ordem sociocultural, temos a dimensão do que sejam os desafios para o diálogo autêntico.

34. Embora a disposição para a acolhida, o dom e a dádiva sejam requisitos básicos para a realização de autêntico diálogo intrassubjetivo e interpessoal, é preciso considerar outros componentes que interferem nas relações em grupo: os componentes psicossocial, econômico, político e do sentido existencial.

35. A identidade é fortemente marcada pelas relações maioria/minoria e, no caso brasileiro, em que a identidade branco-cristã constitui modelo identificatório hegemônico e o segmento branco é apresentado como "maioria", tal identidade tornou-se marco de referência para os demais segmentos, impropriamente considerados minoritários e "inferiores". Esse componente psicossocial explica parcialmente a adesão a sistemas de crença de segmentos populacionais dominantes: a pertença a grupos que adotam tais sistemas de crença favorece a inclusão social ou, pelo menos, ilude quanto a essa possibilidade.

36. Nas sociedades ocidentais os homens são, sobretudo, autocentrados: agem de acordo com os próprios interesses, raramente movidos pela gratuidade, e sim pelo desejo de posse, domínio e prestígio. Nessas sociedades o componente econômico favorece o desenvolvimento de atitudes egoístas que, transbordando a esfera do econômico, impregnam as demais esferas. O sistema capitalista, que opera segundo a lógica do lucro, exige otimização de resultados, eficácia e produtividade, em conformidade com uma lógica que deixa pouca margem a valores como verdade, justiça, igualdade, solidariedade.

37. Na dinâmica de relações estabelecidas em espaços institucionais, interfere o componente político: o poder

simbólico, como todo poder, simultaneamente complacente e intransigente, inclusivo e excludente, gera uma dinâmica de exclusão-inclusão. Observando a rotina de atores sociais, sejam quais forem os seus papéis, seja qual for a posição por eles ocupada no sistema hierárquico dos coletivos a que pertencem, certamente presenciaremos relacionamentos cuja ênfase recai ora na competição, ora na cooperação. O fenômeno mencionado por Weber[11] da transformação de cenários religiosos em "palcos de luta pacífica" é observável em outros cenários de convivência, devendo-se essa dinâmica exclusão-inclusão, em parte, à dificuldade, ou mesmo impossibilidade, de termos nas sociedades hierarquizadas espaços institucionais que não reproduzam tal modelo de relações.

38. Nesse complexo conjunto de componentes do diálogo não pode ficar à margem o sentido existencial da adesão religiosa. A experiência religiosa, dotada de forte potencial de transformação individual, oferece recursos simbólicos para a ressignificação de cenários, seres e cenas da própria trajetória biográfica e possibilita, com base nisso, mudanças de atitudes e de condutas. Rabelo et al.[12] referem-se ao potencial de ressignificação e reorientação existencial das terapêuticas religiosas, atualizado por meio da reinterpretação dos próprios dramas existenciais à luz de cosmologias religiosas e sob o impacto dos ritos.

---

[11] WEBER apud PEREIRA, 2009.

[12] RABELO et al., 2002, apud BIZERRIL e NEUBERN, 2012.

Religiões brasileiras afrodiaspóricas e diálogo inter-religioso

39. Adeptos de religiões brasileiras afrodiaspóricas acham-se dispostos a dialogar? Podem contribuir para o enfrentamento da intolerância religiosa, para o apreço da diversidade e para a boa convivência entre pessoas de diferentes crenças?

40. Na tentativa de responder a essas questões, posso dizer que tenho encontrado frequentemente uma boa disposição para a acolhida, o dom e a dádiva entre praticantes de religiões afrodiaspóricas. Como nas sociedades tradicionais africanas, o coletivo tem supremacia sobre o individual e a solidariedade é continuamente estimulada, boa parte dos adeptos dessas religiões, aqueles que de fato preservam o legado africano, estimulam a coesão grupal e o apoio mútuo. Daí a disposição para o diálogo.

41. No entanto, seria ingênuo supor que tal disposição seja regra geral no interior desse grande, complexo e diverso grupo religioso. Seria negar o que foi dito até este momento. Estando expostos a múltiplos determinantes, integrantes dessas e de outras religiões fracassam quando o objetivo é dialogar, se não estiverem disponíveis não apenas para o diálogo mas também para a reflexão pessoal. O que se pode dizer, de modo geral, é que a noção africana de pessoa, de destino humano, de universo e de tempo, quando de fato presente nesses espaços religiosos, favorece o diálogo.

42. Por uma Cultura Universal da Paz? "Cultura de Paz é a gente que faz", grita o refrão do coletivo de pessoas de diversas religiões, crenças e instituições decididas a dialogar no já mencionado Fórum por uma Cultura de Paz e Liberdade de Crença. Pela Paz Universal, pela Paz Social, pela Paz Profunda em cada um de nós.

A vida é como um rio que leva as pedras ao mar. Nem todas chegam. Algumas ficam pelo caminho, outras viram areia. Ao rolarem no leito do rio, impulsionadas pelas águas, às vezes impetuosamente, às vezes calmamente, quase parando, as pedras se atritam umas nas outras e perdem suas arestas. Aquelas que chegam ao mar foram moldadas por muitas outras, e ao perderem sua aspereza e sua forma irregular, contribuíram para arredondar suas companheiras.

7º Capítulo

Hinei Matou Umanaim Shevet Achim Gam Yachat
"Como é bom e agradável quando irmãos sentam juntos em harmonia"

Raul Meyer[*]

1. Pode parecer uma simples frase hebraica, aliás, cantada em várias melodias... Mas expressa um sentimento que atualmente pode ser experimentado por quem se dedica ao diálogo inter-religioso católico-judaico.

2. Religiões foram usadas no passado por alguns de seus líderes como uma forma política de dominação, trazendo sofrimento, derramamento de sangue e mortes a milhares de seres humanos.

---

[*] Estudou no Seminário Rabínico Marshall Meyer, em Buenos Aires. Atualmente é líder religioso da Esh Tamid, Associação Cultural Judaica, e diretor da Federação Israelita do Estado de São Paulo, com a pasta do diálogo inter-religioso com a Igreja Católica, a Comunidade Muçulmana e com outras entidades religiosas. Atua como membro em grupos como Religiões pela Paz, Jovens pela Paz, Família Abraâmica.

Hinei Matou Umanaim Sheuet Achim Gam Yachat

3. Tenho tido, na minha longa vida como líder religioso voluntário, o privilégio e o enorme prazer de ver uma importante abertura no diálogo católico-judaico que me incentiva a me aprofundar cada vez mais nesta especial atividade. Se na minha juventude o encontro inter-religioso se limitava a poucos líderes, com o decorrer dos anos essa vivência foi se disseminando e, em várias oportunidades, em nossos dias, levaram a emoções muito positivas a muitos participantes.

4. Um diálogo é realizado sempre entre duas ou mais pessoas, e no meu caso tenho tido o enorme prazer de encontrar parceiros especiais como o Cardeal Arcebispo Dom Odilo Pedro Scherer e, em especial, o Cônego José Bizon.

5. O trabalho inter-religioso com o Cônego Bizon ultrapassou a formalidade de lideranças religiosas, transformando-se num aberto relacionamento entre irmãos. Vários exemplos destas atividades conjuntas fazem parte do nosso dia a dia.

6. O Seder de Pessach anual – a páscoa judaica –, um evento religioso que lembra a importância da liberdade humana em todos os tempos, é um jantar ritual com símbolos e leitura dos acontecimentos históricos da libertação dos escravos hebreus do jugo egípcio, no tempo dos faraós.

7. Esta cerimônia realizei inicialmente quando dirigia o Centro de Cultura Judaica, convidando diversos líderes de diferentes religiões, diplomatas, jornalistas e formadores de opinião.

8. A presença constante do Cônego Bizon, com parte de seus alunos de teologia da PUCSP, encontrou um eco

especial no trabalho inter-religioso dele, que posteriormente levou o projeto a realizar-se anualmente também na Paróquia Cristo Rei, no bairro do Tatuapé – cidade de São Paulo.

9. A receptividade dos padres líderes daquela paróquia, bem como de seus participantes, foi sempre constante exemplo de uma fraternidade viva e atuante.

10. A Celebração conjunta da Festa das Luzes, em dezembro de cada ano, é mais um marco do diálogo em plena atividade. Nessa festa reúnem-se as duas religiões – judeus celebrando a festa das luzes, *Chanuca*, que lembra a reinauguração do Templo de Jerusalém através do acendimento do candelabro "Chanukia", e, por outro lado, Católicos lembrando o Natal, o nascimento de Jesus, com suas luzes festivas da árvore e os símbolos natalinos.

11. Outro exemplo é a recente criação do grupo de casais inter-religiosos, formados da reunião periódica de casais das três religiões monoteístas – Judaísmo, Catolicismo e Islamismo.

12. O grupo pretende trabalhar ativamente num projeto social focado na educação de instituições e pessoas carentes da cidade de São Paulo.

13. Os três exemplos, entre outros, com participação conjunta em cerimônias religiosas na Catedral Metropolitana de São Paulo, igrejas, sinagogas, mostra que há assuntos de importância cultural e religiosa que mais unem as religiões do que as separam.

14. A vivência e as decorrentes lições que temos aprendido em nossos dias, no fraterno diálogo cristão-judaico e

Hinei Matou Umanaim Shevet Achim Gam Yachat

judaico-cristão, têm mostrado que há um caminho seguro para o encontro da paz entre culturas religiosas diferentes.

15. A liderança do Papa Francisco, através de suas mãos estendidas a todas as religiões, tem demonstrado que seu exemplo teve e tem um importante eco nas lideranças judaicas.

16. Estas iniciativas de diálogo inter-religioso, num trabalho intercomunitário, é um exemplo de grande sucesso de Tikun Olam – trabalho pela melhoria do mundo para esta e as próximas gerações.

17. Quero aqui agradecer muito a parceria fraterna do Cônego Bizon, a abertura de opinião em diversas oportunidades, os inúmeros convites para o trabalho conjunto e a sua contínua disposição no acompanhamento de sugestões vindas da parte judaica.

Que Deus continue a nos iluminar em nosso fraterno e contínuo diálogo!

8º Capítulo

Religiões em busca da paz

Cônego José Bizon[*]

1. A convivência e o diálogo entre diferentes raças, culturas e religiões são possíveis. Prova disso é a nação brasileira formada por diferentes raças, etnias e religiões.

2. Qual é o brasileiro que não tem bisavós, avós ou pais provenientes de outro país, como imigrante, refugiado ou em busca de qualidade de vida? Só não os povos indígenas e nativos, que já estavam aqui, mas que infelizmente, pela exploração e especulação, foram dizimados, e os que sobrevivem ainda, em nossos dias, são discriminados e excluídos.

3. Certamente muitos brasileiros ou estrangeiros já sofreram na pele a intolerância e/ou discriminação racial ou religiosa. Sabemos que alguns supostos líderes religiosos de diferentes tradições utilizam de forma incorreta e fundamentalista a religião, instrumentalizando o Livro

---

[*] Diretor da Casa da Reconciliação. Professor da Faculdade de Teologia Nossa Senhora da Assunção, PUCSP. Coordena o Ecumenismo e Diálogo Inter-religioso na Arquidiocese de São Paulo e no Regional Sul 1, da CNBB.

Sagrado, a Bíblia, o Alcorão, a Torá, o Sutra, a Tradição Oral... Estamos no século XXI e, infelizmente, ainda há religiosos que manipulam a religião e as Escrituras. Esse é um dos aspectos do fundamentalismo religioso, sem contar outras vertentes fundamentalistas, tais como ideológicas, políticas...

4. O terrorismo é um ato que vai à contramão de todas as religiões. Na verdade, o papel do líder religioso é o de construir pontes, formar consciência em favor de uma convivência saudável, de qualidade de vida e de paz.

5. Jacob Bender, um dos produtores do filme *Os sábios de Córdoba*, disse que "a intolerância não é choque de cultura, mas choque de ignorância".

6. Recordo, aqui, alguns atos de intolerância humana que ocorreram na cidade de Janaúba, atentados contra uma creche, no Rio de Janeiro, na Bahia, no interior do estado de São Paulo, entre outros... Essas são atitudes de intolerância religiosa contra a religião de matriz africana. Há templos sendo destruídos por mãos humanas, recentemente em Brasília, sob a acusação de manifestações diabólicas. Negros haitianos agredidos verbalmente na baixada do Glicério, em São Paulo. Imagens e símbolos destruídos e templos católico e de religiões de matriz e de origem africana sendo invadidos. Isso sem mencionar os recentes ataques nos Estados Unidos, na Espanha, França e em outros países.

7. Muitos líderes religiosos, pessoas de boa vontade, entidades, organizações, a partir de suas convicções religiosas, humanitárias, políticas e sociais, buscam de forma incansável a boa convivência e o diálogo. Membros

de diferentes tradições religiosas têm propostas de convivência humana, política e religiosa diante dos atuais conflitos, qualquer que seja a sua convicção religiosa, política, social, racial e étnica... Falemos, agora, de nós, do Brasil. É verdade que no período colonial tivemos muitos sofrimentos, sérios problemas religiosos, políticos e culturais; e ainda hoje temos, em pleno século XXI; vivemos discriminações religiosas, intolerância, ataques...

8. O texto base da CF 2018, no § 138, afirma que "as religiões de matriz africana são as que mais sofrem perseguição e intolerância. Práticas religiosas fundamentalistas associam-se com o racismo e o preconceito, criando modos de segregação de toda a sorte, reduzindo essas práticas religiosas em ação do mal".

9. O povo brasileiro é uma nação que sabe conviver de forma amigável e pacífica, e, às vezes, até causa "certa inveja" para outras nações. "Costuma-se dizer que o Brasil é um país abençoado. Ressalta-se a diversidade e a fartura propiciadas pela natureza generosa... uma nação descrita como ordeira e pacífica, a alegria e a festividade tornam esse povo ímpar no mundo. Nessa imagem que, por vezes, se faz do Brasil afirma-se que este é um país acolhedor" (CF 2018).

10. Não podemos negar os conflitos que acontecem no interior e no exterior do país. Mas também não podemos permitir a importação, dos mesmos, para o Brasil. O que queremos é acabar com a intolerância. Espero que esses atos e gestos aqui mencionados sejam pontuais e localizados e não organizados de forma orquestrada.

Religiões em busca da paz

11. Devemos proclamar, sim, e publicar os muitos atos, eventos e gestos positivos já realizados; testemunhar a todos a nossa convivência pacífica, o nosso modo de viver com pessoas de diferentes nações existentes em nosso país; divulgar todos os esforços e iniciativas religiosas e culturais da nossa gente.

12. Elenco alguns momentos de convivência ecumênica e inter-religiosa: os vários atos acadêmicos, culturais e religiosos por ocasião dos 500 anos da Reforma Protestante que aconteceram em vários estados brasileiros. Na Catedral Metropolitana de São Paulo, vários momentos em conjunto, como o Ato Inter-religioso em Memória a Dom Paulo Evaristo Arns e o Ato Inter-religioso contra a Corrupção, só para citar alguns. O Ato Inter-religioso pela Justiça e Paz, no Templo Zulai. O Ato Inter-religioso pela Paz, na Matriz Basílica, na cidade de Aparecida, além de muitos outros.

13. Gostaria ainda de enfatizar que os conflitos não são somente de cunho religioso, mas político; a política também muito contribui nesse sentido. Também o fator econômico-social tem sua influência.

14. Questiono se é possível a convivência e o diálogo entre diferentes culturas em um mundo globalizado, no início deste terceiro milênio? E a resposta é, sim, creio que "um outro mundo é possível". E que as religiões têm um papel importante na Cultura de Paz. "Não haverá paz entre as nações, se não existir paz entre as religiões", disse Hans Küng.

15. Na Bíblia, livro sagrado dos cristãos, encontramos a seguinte afirmação: "Tudo o que vocês quiserem que as

pessoas façam a vocês, façam vocês também a elas" (Mt 7,12). Esta é a chamada "regra de ouro" do cristianismo, e de fato muitos concordam com a importância deste preceito ético.

16. Na Torá, no Alcorão e em outros livros sagrados, e também na tradição oral, existe esse apelo em prol da tolerância mútua. Creio ainda que em outros livros sagrados de outras tradições religiosas esse brado também se faz presente. Um ensinamento semelhante a esse já era convicção de pensadores antigos: "Não faças aos outros o que não queres que façam a vocês".

17. Segundo Andréa Riccardi, Fundador da Comunidade de Santo Egydio, "a paz é possível; a guerra é uma aventura sem retorno. De fato, os cristãos: anglicanos, católicos, ortodoxos, protestantes, evangélicos, pentecostais; bem como os religiosos: judeus, muçulmanos, budistas, afrodescendentes, espíritas, espiritualistas, fiéis dos diferentes seguimentos religiosos, compreendem que somente a paz é possível e é santa, jamais a guerra".

18. A Declaração Universal dos Direitos Humanos, no artigo XVIII, diz: "Todo ser humano tem direito à liberdade de pensamento, consciência e religião". A liberdade religiosa deve fazer com que os seres humanos, no cumprimento de seus deveres sociais, atuem sempre com a maior responsabilidade.

19. A Constituição brasileira, no Art. 5, § VI, diz: "Todos são iguais perante a lei, sem distinção... e que a liberdade de crença e de culto é inviolável...". A Declaração *Dignitatis Humanae*, do Concílio Ecumênico Vaticano II, declara que "a pessoa tem direito à liberdade religiosa.

Tal liberdade consiste em que nenhum ser humano deve estar sujeito à coerção de outros indivíduos, nem da sociedade e/ou de qualquer poder humano" (DH 2).

20. Já no século XIII, São Francisco de Assis assim cantou: "Senhor, fazei-me instrumento de vossa paz! Onde houver ódio, que eu leve o amor. Onde houver ofensa, que eu leve o perdão. Onde houver discórdia, que eu leve a união. Onde houver dúvida, que eu leve a fé! Onde houver erro, que eu leve a verdade. Onde houver desespero, que eu leve a esperança. Onde houver tristeza, que eu leve alegria. Onde houver trevas, que eu leve a luz"!

21. Nelson Mandela afirmou que: "Ninguém nasce odiando outra pessoa pela cor de sua pele, por sua origem ou ainda por sua religião. Para odiar, as pessoas precisam aprender; e, se podem aprender a odiar, podem ser ensinadas a amar". E o teólogo Hans Küng afirma: "Não haverá paz entre as religiões se não existir diálogo entre as religiões. Não haverá diálogo entre as religiões se não existirem padrões éticos globais. Nosso planeta não irá sobreviver se não houver um *éthos* global, uma ética para o mundo inteiro".

22. O Profeta Isaías proclama: "Como são belos, sobre os montes – podemos dizer nas cidades e nos campos –, os pés do mensageiro que anuncia a paz" (52,7). São Paulo aos Romanos escreve: "Como são belos os pés daqueles que anunciam boas notícias!" (Rm 10,15).

23. Na Arquidiocese de São Paulo, temos amizade de muitos anos, antes mesmo de a Casa da Reconciliação existir, com diferentes seguimentos: afrodescendentes, budistas, espíritas, judeus, muçulmanos, protestantes e

outros, através do diálogo bilateral, encontros de reflexão e partilha, visitas mútuas e ações conjuntas em diferentes momentos e lugares, ora no espaço de uma tradição religiosa, ora em algum espaço da Igreja Católica. E muitos dos encontros são organizados e realizados na Casa da Reconciliação.

24. Partilho neste espaço dois grupos: *Família Abraâmica*, formado por casais judeus, católicos e muçulmanos que se encontram mensalmente para convivência, partilha e reflexão, a partir de cada uma das respectivas tradições religiosas, do Livro Sagrado e da experiência conjugal; e a *Coalizão Inter-Fé em Saúde e Espiritualidade*, composta de médicos e religiosos de diversos seguimentos e de diferentes especialidades que se encontram para refletir sobre os cuidados com a vida. Afirma o manifesto: "A fé é ainda mais importante em momentos de intensa fragilidade de saúde, como durante uma internação hospitalar. A perspectiva da doença, da incapacidade e da morte tende a despertar o medo, a sensação de impotência e a ideia de finitude. A fé pode iluminar positivamente essas realidades, atribuindo-lhes um sentido de transcendência, sendo, portanto, fonte de conforto, esperança e fortalecimento".

25. Outra experiência entre budistas e católicos: mesmo antes de o Templo Zulai ser inaugurado, recordo vivamente o encontro do venerável Mestre Hsing Yun na Catedral Metropolitana de São Paulo com o então Cardeal Cláudio Hummes.

26. No Templo Zulai, de Cotia, SP, budistas e católicos, no dia 28/10/2017, assinaram um acordo de paz, nestes ter-

mos: "Diante do quadro de individualismo e intolerância, de desrespeito, violência e descaso para com a pessoa e a natureza, em que a humanidade se encontra, manifestamos nosso compromisso com a justiça e a paz entre todos os povos... Como budistas e católicos, queremos trabalhar juntos para manter o equilíbrio e a cultura de paz, em benefício da vida num só e mesmo mundo, marcado por respeito e responsabilidade comum". E em dezembro a viagem de uma comitiva budista e católica a Taiwan deu continuidade a esse diálogo, com o intuito de estreitar os laços de amizade, de diálogo inter-religioso e de compreensão mútua.

27. Disse o Papa Francisco, em Mianmar, que "as diferenças religiosas não devem ser fonte de divisão, mas sim uma força em prol da unidade, do perdão, da tolerância e da sábia construção da nação. As religiões podem desempenhar um papel significativo na cura das feridas emocionais, espirituais e psicológicas [...] elas podem ajudar a extirpar as causas do conflito, construir pontes de diálogo, procurar a justiça e ser uma voz profética para as pessoas que sofrem. É um grande sinal de esperança o fato de que os líderes das várias tradições religiosas [...] estejam comprometidos em trabalhar juntos, com espírito de harmonia e respeito mútuo, pela paz, pela ajuda aos pobres e pela educação nos valores religiosos e humanos autênticos".

28. O Pontifício Conselho para o Diálogo Inter-religioso enviou uma mensagem aos budistas para a festa do Vesakh de 2017, afirmando que: "Concordamos que a violência brota do coração do homem, e que os males da pessoa causam males estruturais. Por isso, somos chamados a um empreendimento comum: estudar as causas

da violência; ensinar aos nossos respectivos seguidores a combater o mal nos seus corações; libertar do mal tanto as vítimas como aqueles que praticam a violência; formar os corações e as mentes de todos, especialmente das crianças; amar e viver em paz com todos e com o meio ambiente; ensinar que não existe paz sem justiça, nem verdadeira justiça sem perdão; convidar todos a colaborar para a prevenção dos conflitos na reconstrução das sociedades fragmentadas; encorajar os meios de comunicação social a evitar e combater discursos de ódio e relatórios de parte e provocatórios; fomentar as reformas no campo da educação, para prevenir a deturpação e a má interpretação da história e dos textos das Escrituras; e por fim rezar pela paz no mundo, percorrendo juntos o caminho da não violência".

29. Oxalá budistas, católicos, membros de outras tradições religiosas e pessoas de boa vontade se unam e, diante de tantas situações que geram tristezas, angústias, morte de tantas pessoas e destruição do meio ambiente, possam juntos transformá-las, a fim de que haja vida, e vida em abundância para todas as pessoas, e que, assim, também o meio ambiente, nossa Casa Comum, seja preservado e mantido saudável!

Sugestões de orientações práticas

30. O documento *Diálogo e Anúncio*[1] – publicado pelo Pontifício Conselho para o Diálogo Inter-religioso, do

---

[1] No parágrafo 6, em Orientações Práticas, procurei fazer um resumo dos parágrafos 42 a 49 do Documento *Diálogo e Anúncio*, para uma melhor compreensão.

Vaticano, traz importantes e fundamentais orientações e recomendações práticas para o diálogo.

31. O diálogo inter-religioso é para quem? Para toda a Igreja – leigos, clérigos, teólogos, bispos, religiosos e monges, chamados à construção do Reino de Deus com o seu anúncio e testemunho, com a sua presença e solidariedade, com respeito e amor para com todas as pessoas, sem distinção de cor, raça, sexo, religião e etnia.

32. O diálogo inter-religioso e seus imperativos:

- A compreensão mútua. Dissipar todas as formas de preconceitos e promover o conhecimento através de estudos e apreciações comuns.

- O compromisso comum. Ser capaz de testemunhar e de promover valores da dignidade humana e da espiritualidade; entre eles, a paz, o respeito à vida – desde a sua concepção até a morte –, dignidade, igualdade, justiça, liberdade religiosa, através da ação conjunta, da oração e da experiência religiosa compartilhada.

- O enriquecimento mútuo. Despertar nas pessoas os valores e as experiências características de outros fiéis.

33. Quais são as formas de diálogo?

- Da Vida. As boas relações de amizade entre pessoas de diferentes religiões na partilha da vida, no dia a dia, alegrias e tristezas, esperanças e preocupações, conquistas e fracassos, problemas e soluções.

- Da Ação Social. Os trabalhos realizados em conjunto em prol dos necessitados, de modo particular aqueles que estão mais próximos de nós; trabalhar pela justiça e pela paz, por sustentabilidade e integridade da pessoa e do planeta, a Casa Comum.

- Do Teológico. Os estudos dos livros sagrados e da doutrina teológica realizados por teólogos de várias religiões; um trabalho em conjunto na busca de melhores maneiras de lidar com as divergências.

- Da Mística. Os momentos celebrativos e de meditações pessoais e comunitárias em defesa da vida, da justiça e da paz.

34. As exigências do diálogo:

- Equilíbrio. Não ser ingênuo, mas crítico e acolhedor; o diálogo exige esforço e boa vontade; um empenho conjunto a serviço da verdade e prontidão em se deixar transformar pelo encontro.

- Convicção de sua religião. A sinceridade do diálogo exige a participação com a integridade da própria fé, considerando as convicções e os valores das outras pessoas abertamente.

- Abertura à verdade. Manter a sua identidade e ter disposição para aprender e acolher a outra pessoa como ela é, assim como os valores de sua tradição religiosa; ter abertura para superar os preconceitos e rever ideias preconcebidas, purificando a própria fé.

35. Decálogo de Assis para a Paz:

- Comprometemo-nos a proclamar a nossa firme convicção de que a violência e o terrorismo estão em oposição com o verdadeiro espírito religioso; e, ao condenar qualquer recurso à violência e à guerra em nome de Deus ou da religião, empenhamo-nos em fazer tudo o que for possível para desenraizar as causas do terrorismo.

Religiões em busca da paz

- Comprometemo-nos a educar as pessoas no respeito e na estima recíprocos, a fim de poder alcançar uma coexistência pacífica e solidária entre os membros de etnias, culturas e religiões diferentes.

- Comprometemo-nos a promover a cultura do diálogo, para que se desenvolvam a compreensão e a confiança recíprocas entre os indivíduos e entre os povos, pois são estas as condições para uma paz autêntica.

- Comprometemo-nos a defender o direito de todas as pessoas humanas de levar uma existência digna, conforme com a sua identidade cultural, e de fundar livremente uma família que lhe seja própria.

- Comprometemo-nos a dialogar com sinceridade e paciência, não considerando o que nos divide como um muro insuperável, mas, ao contrário, reconhecendo que o confronto com a diversidade do próximo pode tornar-se uma ocasião de maior compreensão recíproca.

- Comprometemo-nos a perdoar-nos reciprocamente os erros e os preconceitos do passado e do presente, e a apoiar-nos no esforço comum para vencer o egoísmo e o abuso, o ódio e a violência, e para aprender do passado que a paz sem justiça não é uma paz verdadeira.

- Comprometemo-nos a estar do lado de quantos sofrem devido à miséria e ao abandono, fazendo-nos a voz dos que não têm voz e empenhando-nos concretamente para sair de tais situações, convictos de que, sozinho, ninguém pode ser feliz.

- Comprometemo-nos a fazer nosso o brado de todos os que não se resignam à violência e ao mal, e desejamos contribuir com todos os nossos esforços para dar à humanidade do nosso tempo uma real esperança de justiça e de paz.

- Comprometemo-nos a encorajar qualquer iniciativa que promova a amizade entre os povos, convictos de que, se não há um entendimento solidário entre os povos, o progresso tecnológico expõe o mundo a riscos crescentes de destruição e de morte.

- Comprometemo-nos a pedir aos responsáveis das nações que façam todos os esforços possíveis para que, quer em nível nacional, quer internacional, seja edificado e consolidado um mundo de solidariedade e de paz fundado na justiça.

36. *Campanha da Fraternidade de 2018*. O texto-base, no § 296, afirma: "Em nome da fé ou de um pressuposto absoluto de verdade, a violência manifestada pela intolerância religiosa, além de provocar sofrimento e distanciamento da cultura da paz, impõe sequelas à alma das pessoas empobrecidas e 'calejadas' por uma prática religiosa que, ao invés da liberdade, oprime a misericórdia de Deus para com os seus filhos e filhas.

- Articular, por meio do ecumenismo e do diálogo inter--religioso, momentos de oração pela paz em lugares simbólicos.

- Articular parcerias e projetos comuns entre as igrejas e religiões que visem à superação da violência".

Conclusão

Este livro reflete a importância do diálogo inter-religioso a partir dos fundamentos da doutrina e do Livro Sagrado ou da Tradição Oral. De acordo com cada tradição religiosa, os autores procuraram trazer as suas experiências como modelos de superação de conflitos e como ponte entre os diferentes. Creio ser um livro prático, para que os leitores possam também promover, a partir de onde estão, uma Cultura de Paz.

Percebe-se hoje, me parece, mais do que em outros tempos, a urgência e a importância do diálogo inter-religioso diante da realidade de vários seguimentos da sociedade, em geral, na situação em que ela se encontra. Situações de conflitos, de crises política e econômica, de mudanças de valores, de intolerância religiosa e de incompreensão entre pessoas de diferentes credos, países, culturas e etnias; e, às vezes, até mesmo, entre pessoas da mesma família e entre vizinhos. Iyakemi diz que "sem dificuldade é possível constatar que a intolerância

Conclusão

religiosa pode ocorrer também entre vertentes de uma mesma religião, sendo necessários espaços de diálogo no âmbito de uma mesma religião". O ser humano esquece que somos parte de um só povo, e que somos sim de cores, raças, culturas e continentes diferentes, mas formamos uma só e única nação.

A declaração *Nostra Aetate* afirma que: "Todos os povos são uma só comunidade, por terem uma única origem. Foi Deus quem fez o gênero humano habitar sobre toda a face da terra... Os membros das várias religiões buscam respostas às grandes interrogações, sobre a condição humana, que tocam o mais profundo do coração humano, ontem e hoje: o que é ser homem ou mulher?... De onde viemos e para onde vamos?".

Nos artigos apresentados neste livro, pudemos verificar a necessidade do diálogo inter-religioso e ao mesmo tempo relatos do que já está sendo realizado, além de pistas de ação favoráveis à convivência e ao diálogo inter-religioso entre diferentes religiões. Por isso, autores que acreditam no diálogo, no respeito e na convivência religiosa mostraram aqui aos leitores, diante de tantos conflitos e intolerância religiosa e social, que é possível, sim, a boa convivência entre as pessoas.

Quero concluir o livro com textos incluídos nos artigos dos próprios autores.

Dom Raimundo Assis Damasceno nos traz a palavra do Papa Francisco, por ocasião dos 50 anos da Declaração *Nostra Aetate*, e nos diz que: "O mundo olha para nós, crentes, exorta-nos a colaborar entre nós e com os homens e as mulheres de boa vontade que não professam religião alguma; pede-nos respostas eficazes sobre numerosos temas: a paz, a fome e a miséria que afligem milhões de pessoas, a crise ambiental, a violência, em particular a cometida em nome da religião, a corrupção, a degradação moral, as crises da família, da economia, das finanças e, sobretudo, da esperança".

Cônego José Bizon nos recorda o decálogo de Assis: "Comprometemo-nos a educar as pessoas no respeito e na estima recíprocos, a fim de poder alcançar uma coexistência pacífica e solidária entre os membros de etnias, culturas e religiões diferentes".

Rabino Michel Schlesinger afirma que "um dos maiores desafios para o ser humano se encontra justamente no diálogo. Isto porque dialogar significa ir ao encontro do outro, mas, sobretudo, ao encontro de si próprio. Ao dialogar, entramos em contato com nossos próprios medos, angústias e inseguranças. Dialogando, descobrimos com mais profundidade quem somos e também aquilo que nunca seremos. O diálogo nos retira de nossa zona de conforto e nos arremessa no confronto de ideias e valores".

Sheikh Jihad diz que: "Concordar ou discordar do outro é uma das características do ser humano, qualquer um pode discordar de mim e da minha crença, como eu também posso fazer o mesmo. Isso não é preconceito nem discriminação; isso é um direito de cada um. O que não podemos ser é desrespeitosos com o outro e com sua crença, não podemos nem devemos zombar e ofender nenhuma pessoa e nenhuma crença... Mas ainda há um longo caminho a percorrer, pois essa missão não tem fim.

Cada um de nós é uma sentinela que deve estar atenta para que o desrespeito ao outro não prolifere ainda mais dentro de nossa sociedade". Continua ainda afirmando Sheikh: "Devemos ser coerentes com a nossa crença sempre, pois ela sempre ensina que sejamos justos, respeitosos e pacíficos; portanto, o caminho para chegar a isso é através do diálogo".

"Acredito na importância de mantermos vivo esse diálogo e incentivo, meus discípulos e discípulas, a ouvir, compreender e participar do encontro inter-religioso – caminho do respeito à diversidade e da paz mundial", afirmou a Monja Coen Roshi. Enquanto Iyakemi diz que "o diálogo entre religiões ou entre vertentes de cada religião é realizado pela voz de lideranças e adeptos das diversas expressões de religiosidade, que atuam como porta-vozes de seus grupos de pertença". Raul diz que: "Estas iniciativas de diálogo inter-religioso, num trabalho intercomunitário, é um exemplo de grande sucesso de Tikun Olam – trabalho pela melhoria do mundo para esta e as próximas gerações".

Dom Romanós diz que: "O diálogo ecumênico, nos últimos cinquenta anos, realizou um milagre, acrescentou e ofereceu muitos benefícios, em nível teológico e pastoral. Nossa responsabilidade é impulsioná-lo para que se estenda mais e se aprofunde para enfrentar os desafios de nossa era, como aconteceu em seu princípio em tempos passados".

Nelson Mandela afirmou que: "Ninguém nasce odiando outra pessoa pela cor de sua pele, por sua origem ou ainda por sua religião. Para odiar, as pessoas precisam aprender; e, se podem aprender a odiar, podem ser ensinadas a amar".

Com o intuito de construir pontes para encurtar distâncias, promover conhecimentos para superar preconceitos e contribuir para uma boa convivência e cultura de paz entre afrodescendentes, budistas, católicos, espíritas, judeus, muçulmanos e protestantes, que a Casa da Reconciliação publica este livro sobre o diálogo inter-religioso.

Cônego José Bizon

Rua Dona Inácia Uchoa, 62
04110-020 – São Paulo – SP (Brasil)
Tel.: (11) 2125-3500
http://www.paulinas.com.br – editora@paulinas.com.br
Telemarketing e SAC: 0800-7010081